震災復興・原発震災
提言シリーズ 6
PROPOSAL SERIES

大震災20年と復興災害

塩崎　賢明 Shiozaki Yoshimitsu
西川　榮一 Nishikawa Eiichi
出口　俊一 Deguchi Toshikazu
兵庫県震災復興研究センター 編

クリエイツかもがわ

はしがき

阪神・淡路大震災——復興災害の20年

20年とは生まれたばかりの赤ん坊が成人になる年月である。私たちはそれだけの時間を阪神・淡路大震災とともに歩んできたということだ。

この20年はひとことで言えば、「復興災害」との格闘と言えるかもしれない。震災当初は被害の実態調査や被災者の立ち上がりをなんとかしよう、区画整理や再開発はもう少しなんとかならないのか、といった活動で明け暮れたわけであるが、時間がたってもいつまでも復興のめどはつかず、次から次へとさまざまな問題が持ち上がる。孤独死はいっこうになくならない。そういう中で、これは被災者個人のせいではなく、創造的復興という政策そのものがもたらしている〝災い〟ではないかと思うに至り、「復興災害」という言葉を使った。震災から10年を経た２００６年のことであった。

その当時、筆者の「復興災害」という言葉を聞いた友人が、「計画災害」という言葉を使っている人がいると教えてくれた。イギリスの都市計画の大家ピーター・ホール（Peter Hall）である。彼は１９８０年に“Great Planning Disasters”という本を書いている。30年も前のことである。ロンドン第3空港計画、サンフランシスコ湾岸鉄道（ＢＡＲＴ）、シドニー・オペラハウスといった、当時の有名な都市開発・建築のビッグプロジェクトを取り上げ、その功罪を論じたものである。復興災害は英語表記すれば、Reconstruction Disasterであるが、都市開発や建築プロジェクトのもたらすPlanning Disasterとは異なり、おもとは自然災害である。しかし、そのあとの復興はやはり人間活動の所産であるから、大きく言えば、計画災害の範疇に入るのかもしれない。Ｐ・ホールの取り上げたプロジェクトは、必ずしも失敗とはいえず、ＢＡＲＴはモータリゼーションの国アメリカで健在で、よくできた鉄道システムだと思うし、シドニーのオペラハウスも評価が高く、世界遺産にもなっている。それでも、彼の問題提起は今日でもその意義を失っていないと評価されている。これらのプロジェクトに比べると、復興災害は紛れもなく、復興施策の失敗であり、〝災い〟である。

それにしても、復興災害はどうして起こるのか。阪神大震災では創造的復興が復興災害をもたらしてきたと筆者は考え、創造的復興の性格を図のようなグラフで表してきた。

創造的復興には光と影があり、Ａのように元の水準以上に復興を遂げるものがある一方で、Ｂのように元の水準に到達できないまま、零落していくものがあり、それが復興災害として現れるというとらえ方

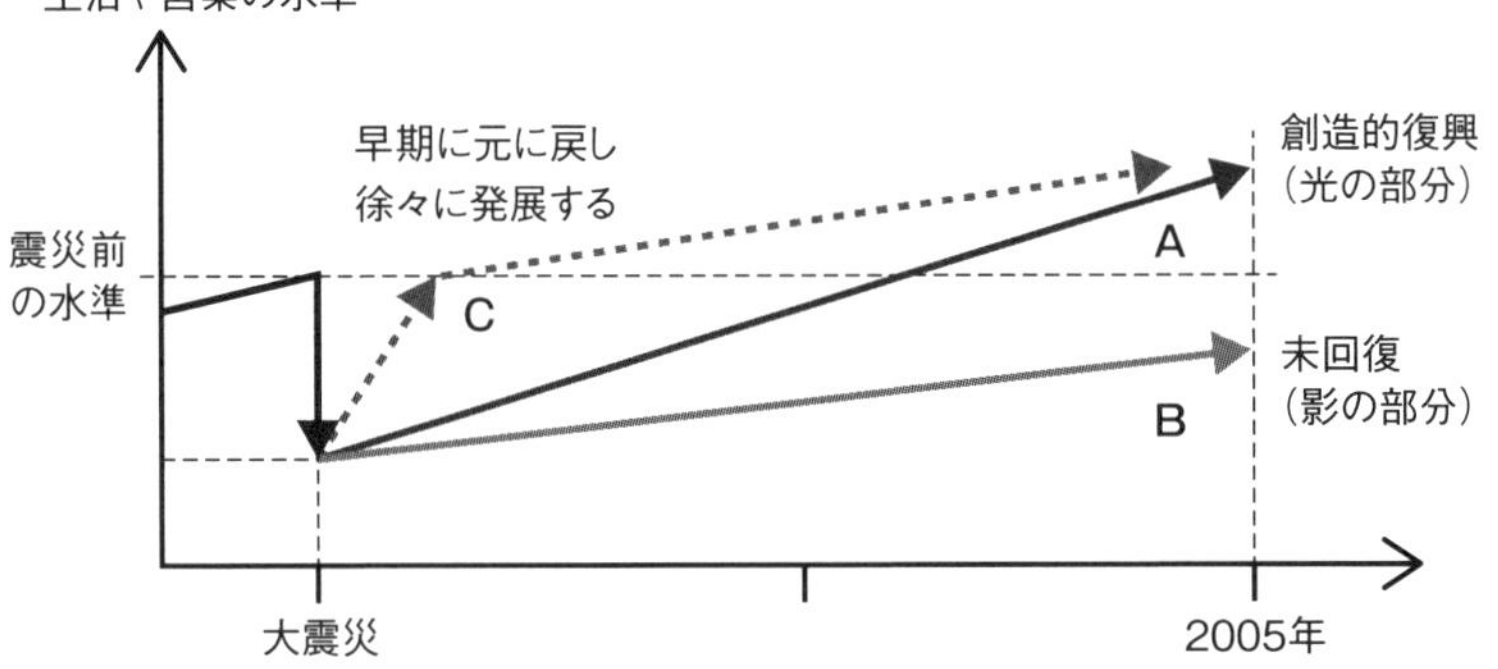

復興戦略のモデル

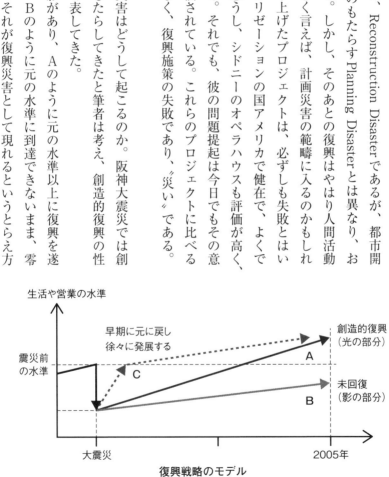

である。
しかし、この中身をくわしく見てみると、Aコースをたどったものは主としてインフラであり、復興事業費16・3兆円のうち、約6兆円が投じられた。その多くは「多核・ネットワーク型都市圏の形成」の範疇に含まれる。他方、復興災害にはすぐに思いつくだけでも、孤独死や関連死、震災後15年も放置されてきた震災障害者、今後大量の犠牲者が出ると危惧されているアスベスト被害者、借上公営住宅から退去を迫られている被災者、苦境にあえぐ新長田駅南再開発地区の商業者などがある。しかし、これらは創造的復興の開発事業によってもたらされたのだろうか。実は、必ずしもそうとは言えない。Bコースは復興のプログラムが貧困で誤っていたためにもたらされたというべきである。

すなわち、復興災害をもたらした要因には2つのものがある。1つは復興に名を借りた便乗型開発事業の側面であり、その典型が神戸空港の建設や地下鉄海岸線であり新長田再開発事業である。いま1つは、復興プログラムの貧困さ、非人間性、後進性、官僚性、無知、あるいは不作為で、そこから生まれた単線型住宅復興政策は大量の孤独死をうみだし、借上公営住宅からの追い出し、震災障害者の長期にわたる放置などをもたらした。

新長田駅南再開発は、便乗型開発事業の側面と復興施策の非人間性・官僚

創造的復興と復興災害の因果関係

	復興災害の例	孤独死	震災障害者	アスベスト	借上公営住宅の追い出し	新長田駅南再開発	神戸空港	地下鉄海岸線
創造的復興	便乗型開発事業					○	○	○
	復興政策の非人間性・後進性・官僚性・無知・不作為	○	○	○	○	○		

性の側面がかさなって、最悪の状況をもたらしている。

　こうしてみると、創造的復興は、復興に名を借りた新たな開発事業が華々しく取り上げられたが、その反面、被災者のニーズに的確に対応した復興施策を十分に行わず、既存制度の範囲内で、官僚的に施策を行ったために、21世紀の成熟社会にふさわしく、震災前より高い水準に到達するどころか、被災者に復興災害をもたらしてしまったのである。便乗型開発事業も必ずしも成功したとは言えず、大きな赤字を生み出しており、その多くは復興災害に陥っている。

　本来は、便乗型開発事業などをやめ、国も自治体も、そこに投じただけの資金をもって、被災者ニーズにこたえる復興施策、復興の制度・仕組みを開発すべきだったのである。


　復興災害は、本来、防ぐことができる。被災者のおかれている状況、ニーズを注意深く把握し、それに正面から対応していけば復興過程での災いは最小限にとどめることができる。それができていないのは、災害復興政策が被災者の救済、生活再建を中心に据えた体系になっていないからであり、諸々の官僚的な仕組みのせいであり、また過去の経験を真摯に学んでいないからである。

　東日本大震災の復興について、仮設住宅や災害公営住宅の建設状況などを取り上げ、しばしば、阪神・淡路大震災と比較される。しかし、この2つの震災は、多くの点で全く異なった特徴を持っており、単純な比較は意味がなく、危険である。とりわけ、復興のスピードを比較したり、阪神・淡路大震災ではこうだったから、という形で教訓を押し売りするようなことは厳に慎むべきである。阪神・淡路大震災の経験から東北に伝えるべきは、むしろよくなかったことや失敗の教訓であろう。2つの復興を冷静にながめると、東日本大震災の復興はある部分では阪神・淡路大震災よりは前進している。また、東日本の復興を見ることによって、阪神大震災の復興がなんであったのかが逆に照射される。しかし同時に、阪神大震災と同じことを繰り返している面も存在する。復興事業費の便乗的流用はその最たるもので、いっそう巧妙になっている。被災者ニーズを的確にとらえ、それに応えるための制度や仕組みの開発という点では、阪神よりは改善されているが、20年後の現代、しかも東北という地域性に対応したものかといえば、全く不十分である。依然として、既存制度の枠組み、古い思想を乗り越えているとは言えない。次なる巨大災害への備えという点では、きわめて心もとなく、このままでは危機的というべきである。

復興にはたいへん長い時間がかかる。直感的には、社会が成熟化し、人々の生活が多様化するにしたがって、復興過程は複雑化するように思う。10万人が犠牲となり、東京が焼け野原となった関東大震災の復興をわずか7年で切り上げ、満州事変に突入していった野蛮な発展途上の時代とは違うのである。少子・高齢化、人口減少の進む成熟社会における多様な被災者のニーズをきめ細かくとらえ、的確に対応できる復興の仕組みを早急に準備しなくてはならない。阪神・淡路大震災20年後の被災地における復興災害の現実をあらためて明らかにし伝えることによって、東日本大震災の復興と、次なる巨大災害にむけての備えの一助になることを願うものである。

2014年12月17日

塩崎賢明

震災復興・原発震災
提言シリーズ 6
PROPOSAL SERIES

CONTENTS

II 復興の備え――阪神・淡路大震災から東日本大震災へ

I

検証——阪神・淡路大震災

「神戸は復興したか」

1 理不尽な「借上公営住宅」からの強制的退去

阪神・淡路大震災（阪神大震災）後の復興公営住宅として、民間住宅やUR住宅が借り上げられ、多数の被災者が入居しているが、いま、兵庫県や神戸市は20年の契約期間が終わるという理由で、転居を迫り、実行に移している。兵庫県や被災5市（大阪府豊中市を除く）の「借上公営住宅」には当初、7711世帯が入居、2014年10月末現在も約1433団地に3867世帯が暮らしているが、最も早い西宮市は2015年秋、神戸市は2016年から退去を求めることにしている。被災者の声も聞かないままに、立ち退きを迫るのは、高齢の被災者の健康や安心、そして幸福を脅かす重大な問題である。

1 「借上公営住宅」とは何か

(1) 民間住宅ストックを活用した公営住宅の供給方式

「借上公営住宅は、民間事業者等が建設・保有する住宅を借り上げることにより供給される公営住宅であり、平成8年の公営住宅法（昭和26年法律第193号）の改正において、それまでの公営住宅の供給方式である直接建設方式に加え、民間住宅ストックを活用した公営住宅の供給方式として導入された制度である。

この民間住宅の借り上げによる公営住宅の供給方式は、近年の公営住宅の供給に係る以下のような課題に対応するために有用な手法であると考えられる。

①建設費等の投資の軽減による効率的な公営住宅供給、②ストックの地域的偏在の改善、③地域の公営住宅需要に応じた供給量の調整」(「既存民間住宅を活用した借上公営住宅の供給の促進に関するガイドライン(案)」平成21年5月、国土交通省住宅総合整備課)

大震災の翌年1996年4月に導入された「借上公営住宅」は、制度導入から13年たった2008年度末時点で全国の公営住宅の1%、2万2000戸にとどまっている。兵庫県内7711戸の内訳は、兵庫県が3120戸(UR)、神戸市が3952戸(UR、公社、民間)、尼崎市が120戸、西宮市が447戸、伊丹市が42戸、宝塚市が30戸である。

(2) 歓迎されて導入された「借上公営住宅」

「借上公営住宅」は、自治体(供給者)の都合でなされたものである。被災者が好き好んで、というよりは1日も早く仮の住まいから恒久住宅に移りたいとの思いで、「20年間」ということはわかっていても、とにかく入居したものである。

国の勧めもあって大震災の被災地で初めて導入された「借上公営住宅」は当初、歓迎されていた。神戸市などの公式文書や神戸市幹部の著作は、以下のようにいずれも「借上公営住宅」方式を推奨するものばかりである。20年たたずに問題が発生するというのは、制度に問題があるのか、運用に問題があるのかいずれかである。
○「民間活力の利用によって、住宅復興はようやく軌道に乗ったといえるのではなかろうか。なかでも画期的制度が借上公営（民借賃）で、平成8年4月1日から施行された」（元神戸市幹部の高寄昇三著『阪神大震災と住宅復興』、1999年5月）
○「……借上、買取公営住宅は、地域のなかでまちづくりと一体となって実現されたものであり、居住者にとっても地域のつながりを確保できる住宅供給となっている。こうした事例は、先の直接供給される公営住宅を補完するものとして十分に評価されよう。……今後、……充実させていくことが求められる」（神戸市震災復興総括検証研究会『すまいとまちの復興、総括検証／報告書』、2000年3月）
○当時の金芳外城雄生活再建本部長も被災者団体との間で、「とにかく入居してほしい。20年先のことは悪いようにはしない。誠実に対処していく」と表明した。2010年6月24日㈭の神戸市との交渉の席上でも、北山富久住宅管理課長（当時）は「当時の金芳外城雄生活再建本部長からそのことは聞いている」と表明。同課長と住宅整備課主幹は、「今後、個々の世帯に通知するが、あらゆる可能性を尽くす「（被災者への不安を生じさせないようにという要望には）誠意をもって対応する」と表明した。
一般に、「信義誠実の原則」というものがあるが、この原則に照らして考えると、「悪いようにはしない」と言っておきながら、20年たったら追い出すことは、信義にもとる行為である。

23年近くの取り組みで、ようやく一部の継続居住を認めた兵庫県と神戸市
――しかし、いずれも再考が必要

2013年3月末、兵庫県（3月27日）と神戸市（3月25日）が、相次いで線引き継続方針を発表した。兵庫県の方針は、①期限満了時に80歳以上、②要介護度3以上、③重度障害者のいずれかがいる世帯、④①～③に準ずる人で「判定委員会」が認めた世帯は居住継続可能とした。

その後も入居者や支援者の改善要望が続く中、2014年6月17日、もう少し要件を緩和する方針を発表した。すなわち、①入居期限を迎えた時点で小中学生がいる（24世帯）、②近隣に住む親族（2親等以内）が要介護度3以上か重度障害者で介護が必要、③自立できない末期がん患者がいる――などの世帯で、④近くの公営住宅に住み替えができないことなどを条件として居住継続可能とするものである。これによって救済世帯はおよそ1000戸で全1538戸の6・5割程度（2014年5月末現在）となった。

神戸市の方針は、①期限満了時に85歳以上、②要介護度3以上の高齢者、③重度の障害者のいずれかがいる世帯、④URから買い取り予定の住宅（386世帯）は居住継続可能とするもので、救済世帯はおよそ956戸で全2227戸の4・3割程度である（2014年1月現在）。

神戸市と兵庫県の継続居住方針についての問題点は、次の通りである。

①なぜ「80歳以上」（兵庫県）・「85歳以上」（神戸市）なのか、その根拠は発表された方針や『報告書』の中では示されていない。

『兵庫県借上県営住宅活用検討協議会報告書』(2013年3月)に1か所、次のように記されているだけである。

「借上期間満了時に80歳以上の者は、入居時点で60歳以上であり、阪神・淡路大震災後の災害復興(賃貸)住宅入居者の一元募集における優先枠の年齢基準(60歳)を満たしていることから、80歳を1つの区切りとする」(29ページ)

大震災直後には「60歳以上」を優先枠で募集していたのなら、20年たっても「60歳以上」を基準とするならわかるが、18年たったら今度は「80歳以上」とするのは、何とも理解しがたい恣意的な線引きである。

②85歳未満でも転居困難な居住者が多数存在していることは、これまでの神戸市や兵庫県の調査で明らかになっている。居住者間を分断し、新たな差別を生み出すことにな

表1 「借上公営住宅」に関する各自治体の方針

	要介護3〜5	重度障害	85歳以上	80〜84歳 介護1・2 障害中度	80〜84歳 その他	75〜79歳 介護1・2 障害中度	75〜79歳 その他	75歳未満 介護1・2 障害中度	75歳未満 その他	その他	継続入居の割合	対象世帯数 2014年2月現在
宝塚市	継続入居										10割	30
伊丹市	継続入居										10割	39
兵庫県	継続入居				判定委員会の判定により一部継続入居				転居	転居	約6.5割	1,538
神戸市	継続入居			予約制期限猶予	転居	予約制期限猶予	転居	予約制期限猶予	転居	転居	約4.3割	2,227
西宮市	予約制確保まで5年間猶予	「期限内に転居」を基本としているが、医療、介護、福祉、法律の専門家などで構成する「西宮市UR借り上げ住宅返還に関するアドバイザー会議」(仮称)を立ち上げ、同会議の意見を尊重するとしている。									0割	348
尼崎市	未定 ※2012年1月時点では、「兵庫県と歩調を合わせる」と震災研究センターに回答している。											111
豊中市	期限内に転居										0割	232
合　計												4,525

兵庫県震災復興研究センター作成

る。

③80歳もしくは85歳未満の居住者が転居したあとは、これまで以上に高齢者・障害者のみの住宅となり、コミュニティの崩壊を促進することになる。

④方針は、これまで築き上げてきたコミュニティや絆を断ち切り、単身世帯の多い「借上公営住宅」では、孤独死を促進しかねない。

⑤自治体による基準の違いで、被災者の側から見れば、不公平感が拭えない。

神戸市と比べ兵庫県では継続居住の方針が、多少緩和されているが、年齢などによる線引きに変わりはなく、これらの方針を適用すると、兵庫県では500戸余り（3・5割）、神戸市では1200戸余り（5・7割）の居住者が対象から外れ、住み替えを強要されることになる。

実際に、神戸市のTさんは、6年後に「借上公営住宅」の入居期限が切れるが、その時84歳と9か月、85歳に3か月足りず、出ていかなければならないのかと不安を感じている。一律の線引きによって、このような不安を抱いている入居者は多い。

また、細かい条件をつけることによって申請手続きの書類は、11ページもの膨大で複雑な文書になり、入居者にとってかなりの負担が生じていることも問題である。

今後、これらの方針が実行されれば新たな問題を惹起することが予想され、再考が求められる。

【参考資料】

1. 神戸市／「借上市営住宅についての神戸市の考え方について」（2013年3月25日）
http://www.city.kobe.lg.jp/life/town/house/information/publichouse/kariagekondankai.html

2．兵庫県／「UR借上県営住宅における住み替えに配慮を要する方への対応方針」（2013年3月27日）
http://web.pref.hyogo.lg.jp/governor/documents/g_kaiken20130327_01.pdf
3．「借上公営住宅」問題に関する兵庫県井戸敏三知事の記者会見（2013年3月27日）
http://web.pref.hyogo.lg.jp/governor/g_kaiken20130327.html

3 何が問題解決の妨げになっているのか――その論点

(1) すでに根拠を失っている「20年期限で返還する原則」

神戸市発表の文書には、「震災復興公営住宅の大量供給の必要性からの臨時措置であること、その後の住宅困窮者とのバランス（公平性）、市の財政負担の拡大などを考慮すれば、制度上の期限である20年で返還することを原則とすべきである」と記されているが、その主張はすでに根拠を失っている。

「借上方式」がスタートした時点では法制度上の制約――民法604条1項：賃貸借ノ存続期間ハ20年ヲ超ユルコトヲ得ス若し之ヨリ長キ期間ヲ以テ賃貸借ヲ為シタルトキハ其期間ハ之ヲ20年ニ短縮ス――があったが、1999年、借地借家法29条2項：民法604条の規定は、建物の賃貸借については、適用しない（平成11法153本項追加）、という改正により「20年の期限」を超えることは、法制度上可能になっている。

この問題で筆者は、担当の国土交通省住宅総合整備課と3回（2010年10月4日、同12月9日、同12月20日）、そして兵庫県住宅管理課（同12月21日）と神戸市住宅整備課（同12月24日）とそれぞれ、「法制度上可能である」との確認を終えている。

また、公営住宅法17条2項：「国は、……事業主体が災害により滅失した住宅に居住していた低額所得者に転貸するため借上げをした公営住宅について、……5年以上20年以内で政令で定める期間、……補助するものとする（公営住宅の家賃に係る国の補助）」となっていることを神戸市は根拠にすることがあるが、この点について国土交通省は、「協議に応じる」姿勢を明らかにしているので、全く問題はない。

唯一の根拠であった法制度上の制約はなくなっており、だからこそ、一部ではあるが居住継続の方針を発表することができたのである。

「借上公営住宅」は、公営住宅法に基づく制度であり、かつ復興施策である。①法制度上、②契約上、③財政上、④信義則上、⑤入居者や民間家主の意向、⑥人道上、いずれの角度からみても「期限通りに返還する原則」とか「移転を求める基本方針」は根拠を失っている。

(2)「優遇策」とか「公平性」とは

〈神戸市会議員の意見〉

筆者が事務局を担当する兵庫県震災復興研究センター提出の「希望するすべての『借上公営住宅』入居者の居住継続を求める陳情書」について、2013年2月21日に開かれた神戸市会都市防災委員会での審査・意見決定では、ことさら「公平性」が持ち出された。

各会派の意見決定は、次の通り（表明順）。

●民主党：継続入居は、公平性の観点から問題。神戸市は、きめ細かい住み替え策をとっているから、審査打ち切り。

●自民党：神戸市は、専門家の懇談会を実施している。継続入居は、問題。審査打ち切り。

●公明党：神戸市は、専門家の意見を聞こうとしている。継続入居は、気持ちはわからないではないが、①公平性の問題、②財政負担の点から問題。審査打ち切り。

●日本共産党：採択。

●自民党神戸：会派の考え方は、神戸市の考え方と共通している。要援護者に配慮は必要。審査打ち切り。

●みんなの党：懇談会の公開を強く要望する。公平性の観点から問題。不採択。

●住民投票☆市民力：多くが「公平性」を言うが、世の中に公平なものがあるのか。期限のない一般の市営住宅と比べて不公平になっているではないか。採択。

※新社会党は、会派・2人ゆえ、委員が不在。

〈「神戸市借上市営住宅懇談会」での各委員の意見とまとめ〉

●安田丑作（神戸大学名誉教授、神戸市借上市営住宅懇談会座長）

・公平性の面でも、公営住宅に入居を希望してもすべての方が入れるわけではなかった（2013年1月21日）。

●大内麻水美（弁護士）

・税金を出している一般市民や他の住宅困窮者との関係でも不公平感が出てくる。震災の被災者というだけで、通常の住宅困窮者よりも特別に優遇を受けていると言っても、その時はやむを得ないと思うが、一定の時間が過ぎれば、当然、通常の低所得者や住宅困窮者と同じ基準で見ていっていいはずのもの。いつまでも特別扱いするのは逆差別というか不公平ではないか（２０１３年1月21日）。

●松原一郎（関西大学社会学部教授）

・報道を見ていると、「被災者が復興できていない、その人たちに動けというのは気の毒ではないか」という論調が、テレビでも新聞でも出ている。ある種のセンチメンタリズムになっている。誰かと比べて、とか、何かと比べて、とかそういった相対的な公平性の議論ではなく、この人たちがどうか、ということだけになっている。今の制度で誰が得をしているのか。オーナー、行政、納税者、入居者、誰が得をしすぎているのか。移転によって誰が損をするのか、どんな損害を被るのか。皆が納得する方法はない。なぜ移転したくないのかの分析がない。

・お金の使い方がおかしいのではないか、という意見が出てきた時にどうするか、被災者ということを引きずって、なおかつ高齢者にこれだけ手厚くできるのか、といった意見に耐えうるものか。

・メディアもポピュリズムに流されているが、それがジャーナリズムとして本当によいのか？

（２０１３年1月21日）

●論点とまとめ

震災復興公営住宅の大量供給の必要性からの臨時的措置であること、その後の住宅困窮者とのバランス（公平性）、市の財政負担の拡大などを考慮すれば、制度上の期限である20年で返還することを原則とすべきである（２０１３年3月15日）。

〈『兵庫県借上県営住宅活用検討協議会　報告書』（2013年3月）〉

●住み替え困難と申告する入居者すべてに継続入居を認めることは、県の財政負担が過大になることや、自力で住宅再建した被災者や一般県民との公平性の点で問題があることから、一定の「継続入居を認める要件」を検討する必要がある（平成25年3月14日）。

「その後の住宅困窮者」（神戸市）とか「自力で住宅再建した被災者や一般県民」（兵庫県）と比べ公平性の点で問題があるとしているが、「その後の住宅困窮者」や「自力で住宅再建した被災者」には、それとして方策を講じなければならないことであり、「借上公営住宅」と比べること自体が誤っている。大震災からの復旧・復興プロセスを振り返れば、兵庫県や神戸市が「その後の住宅困窮者」や「自力で住宅再建した被災者」にどのような復興施策を講じたのかは、寡聞にして知らない。

(3)「財政負担」が問題なのか

兵庫県も神戸市も口を揃えて「財政負担が過大になる」と表明しているが、「借上公営住宅」は、公営住宅法に基づく制度であり、本来、財政負担をしなければならないものである。「『借上公営住宅』にこんなに多額の財政負担がある」などという意見は、公営住宅法に基づく制度に関する無理解か意図的なものと言わざるを得ない。

改めて、この問題の出発点になった神戸市の「第2次マネジメント計画」を見ておこう。

〈借上料――神戸市の「第2次市営住宅マネジメント計画」の説明と実際〉

神戸市の「第2次市営住宅マネジメント計画」（2010年6月）では、「市営住宅会計が厳しい収支不足の状態が続いており、将来を見据えた健全化が不可欠」として、「**約35億円**が借上住宅の借上料となっており、これらが管理事業費を著しく圧迫している。……市債の償還や借上料等により毎年度収支不足が生じており、それを補うため、一般財源からの実質繰り入れ（平成20年度決算　約26億円）を行っている」と記されている。

2010年6月以降、神戸市住宅整備課と繰り返し交渉を行い、上記の数字をつめて確かめてきた。同年12月8日付の情報公開資料をもとに作成したのが、表2である。

「35億円」という数字は、入居者の家賃などと国庫補助＋税源移譲相当額（国費）を合計したもので、したがって、神戸市独自の負担額は、「**14億～15億円**」ということである。

神戸市当局が意図的とも思われる「約35億円」という数字しか「計画」に記していないので、「35億円」が独り歩きをさせられていた。「巨額の負担」などということも宣伝されているようで、「数百億円」と受け取っている関係者もいた。

表2　借上住宅　決算値

単位：百万円

年度	借上料	内訳		うち税源移譲相当額	神戸市負担分
平成19	3,435	家賃など	897		
		国庫補助	131		
		一般財源	2,407	1,019	1,388
平成20	3,451	家賃など	961		
		国庫補助	41		
		一般財源	2,449	1,007	1,442
平成21	3,474	家賃など	977		
		国庫補助	14		
		一般財源	2,483	998	1,485

※税源移譲相当額は、神戸市住宅整備課による推計値
※神戸市住宅整備課資料（2010年12月8日付、情報公開資料）をもとに作成

4　取り組み始めて4年、〝ゼロ回答〟から〝有額回答〟に
――目標は、〝希望する入居者の継続居住〟

⑴　神戸市による「UR・借上住宅」の買い取り

神戸市は２０１４年1月14日、URが所有する高齢者向け特別仕様など12団地５５１戸を買い取ることでURと合意したと発表した。12団地は、緊急通報装置を備えたシルバーハイツや、共同生活用のグループホーム、20～30戸の小規模団地などで、神戸市が当初、URに仕様や建設を要請した経緯があるからと説明している。

神戸市の管理戸数は、この５５１戸を除くと３１５８戸となり（２０１３年12月末現在）、うち１５２６戸が個人や法人の民間所有である。実は、神戸市は、この民間の家主にも高齢者向け特別仕様などを要請していた。

URの住宅を買い取ること（約１００億円）は、一歩前進だが、ではなぜ、その他の「借上公営住宅」は年齢で線引きして、退去を求める方針のままなのか、不公平ではないかという問いにはまともに答えず、「UR・借上住宅」買い取りを発表した久元喜造神戸市長（２０１３年11月就任、前副市長、元総務官僚）は、「本来、20年で退去をするということは、これは公営住宅法の要請」と説明した。追い出し方針は、「公営住宅法の要請」と誤った内容を表明するなど、スジも通らず、辻褄も合わず、支離滅裂なことになってきている。

(2) 20年期限は「公営住宅法の要請」なのか

「借上公営住宅」を20年で返還することは「公営住宅法の要請」と説明されているが、それは全く誤っている。先にみたように今では、20年を超えて賃貸借を継続することは法制度上もなんら問題はない。

国は、「借上公営住宅」に対する補助金について、20年を超える場合は相談に応じると言ってきたし、実際に2014年1月、国の補助が継続することが明らかになった。兵庫県や神戸市が20年で打ち切らなければならない理由は全く存在しない。

昨年、兵庫県や神戸市が80歳以上、85歳以上の継続を認めるという方針を出したのも、それが制度上可能だからである。つまり制度上は、何歳の人でも継続して住むことは可能なのである。

(3) 取り組み始めて4年

この問題に取り組み始めた2010年5月から4年半余りが経過するが、当初「ゼロ回答」が続いた中で、2013年3月末、居住者と支援者の継続的な粘り強い取り組みが反映して兵庫県や神戸市が方針を一部見直した結果、兵庫県4割（現在、6・5割）、神戸市2割（現在、4・3割）の救済が図られることになった。しかし依然として、兵庫県、神戸市、西宮市などで2100戸余りの入居者が追い出される、線引き方針では、問題の解決にはならない。

この問題の解決は、入居者の居住権の保障、つまり、希望する入居者の継続居住を認めること以外にはない。

（出口俊一）

2 「終の住処」を守るたたかい——震災から五度目の危機を迎えて

阪神・淡路大震災の仮設住宅入居者は１９９８年末、全体で１万世帯となり、移転先不明の住戸は２０００戸に上った。神戸市中央区のポートアイランド第３仮設（１３０戸）も36世帯となり、16世帯は転居先不明であった。

復興公営住宅への入居は１９９８年10月の第４次募集が最後となり、以降は「個別斡旋」となった。第11棟で独りで住むこととなった桑名武夫さん（男、当時83歳）は、「夜が怖い」と言い、夜中に泊めてくれと訪れる。また、１９９９年３月にＨＡＴ神戸脇浜の公営住宅に転居することになっていた後藤高美さん（男、74歳）は、不自由な体で移転住宅の照明器具を買いに行き、転倒して死亡した。西区の西神仮設で44歳の女性が焼身自殺したことが伝わり、仮設住宅は沈滞した雰囲気の中で、あせりもがく日々が続いた。こうした中で仮設住宅の居住者は「個別斡旋」に応じ「借上住宅」と知らされず、復興公営住宅に転居し住むこととなった。

(1) 上意下達の貼り紙

「まち中に住めてここはええとこや」、終の住処がやっとできたと安心した。兵庫区のパールハイツ荒田は４階建て24軒の借上公営住宅である。周りは見知らぬ人ばかりだが「死ぬまで付き合う人や」と親しみがわいた。そして十数年、お互い見守る日々が続いた。

２０１０年９月、「パンフレット配布について（おしらせ）」という紙が貼り出された。夕方になって「移転通告」と気付いた人が「大変や」と声を上げ、住民が集まり、「〝マネジメント計画〟とは何や、誰がつくったのや」「ここから出ていけ言うのか」と騒ぎになった。通告には「借上住宅の今後の扱い」とまるで犬や馬や物みたいに書いてある。住人全員が「20年で転居」という話は聞いていない。住人には、まさに「寝耳に水」で、不安、動揺が広がった。

(2) 住宅移転の不安が死を招く

パールハイツ荒田では移転通告から４年間に11人が死亡し、高齢者の多かった２階の６戸の住宅では５人が亡くなった。２０１号の女性は週２回の生ごみの日だけ、シルバーカーを押して出てきた。転居について「私の寿命はあと４〜５年と思う、ここで死ねたら幸せです」と言い残し、２０１３年３月、92歳で亡くなった。２０２号の女性は「ここが終の住処です」と言っていたが、脳出血で倒れ、その後認知症が出て、２０１０年12月末、神出病院で亡くなった。88歳だった。２０３号の女性は転居のことを聞いて体調を崩し、４年間、入退院を繰り返し、２０１４年６月、85歳で亡くなった。２０５号の男性（80歳）は２０１２年３月、２０６号の女性は２０１３年３月、82歳で死亡した。

３０１号と３０２号の男性は閉じこもり、人を拒絶していた。敬老の日に町内会が配る赤飯も拒絶する。洗濯物が３日も干しっ放しで、心配して訪ねると、「人のことはほっとけ、用もないのにピンポン押すな」と怒鳴っていた。移転について「私は死ぬまでここに居る」と言っていたが、１人は２０１４年１月に84歳で、もう１人は４月に82歳で亡くなった。

慎ましくひっそりとした暮らしを「移転問題」が突き崩してしまった。市長は心が痛まないのだろうか。

(3) ブラック行政か？神戸市は

小林昌幸さん（64歳）は身体障害者1級で、両上肢機能を失い、座ることもできず、首、胸が硬直し激しい痛みに苦しむ。右目はほとんど失明、その上、脊椎小脳変性症の難病を抱え介護認定5で、苦痛に耐えて生きる毎日である。震災後やっと長田区の「フレール長田室内」1階の障害者住宅に一家4人で入居した。2011年6月頃から、神戸市職員が2人連れで移転勧告に再三訪れた。小林さんは「ここに住むのだ」と言うのに、「URとの契約になれば家賃は3倍になる」「4部屋の住宅は長田に1軒だけある、これをのがせば行く所がなくなる」「今なら移転支援金が30万円出る」と言った。執拗な勧告に根負けした小林さんは承知した。

移転先は、長田区北市営高層住宅の14階だった。トイレ、風呂は自己改修、廊下は狭く車いすでは他人が迷惑する。「災害や火事があったら逃げられない」と訴えると、市職員は「自分の命は自分で守れ」と笑いながら言い放った。「ここでは生きられない、元の住宅に返してくれ」と市長に嘆願したが冷たく断られた。借上住宅協議会は、「小林さんの14階入居は過酷だ、反省して元に返せ」と追及したが、市長は「本人が承知した。職員が親切丁寧に努めていることに感銘した」と冷酷な態度である。市議会で共産党議員に追及され、たじたじしながらも、民主、自民、公明党議員に支えられ強引な態度である。

「フレール長田室内」は2014年春、神戸市が買い上げた。住宅部長は「URと契約時買い取る約束をしていた」と言う。小林さんの住んでいた部屋は今も空家である。

(4) 一人では生きていけない

車谷美枝子さん（63歳）は、東灘区の「シティコート住吉本町」に盲導犬ウリエルと暮らしている。全盲の夫と苦労して「店舗付住宅」を購入したが、10か月後の大震災でその「店舗付住宅」は全壊した。幼児2人と全盲の親、避難できず軒端にうずくまって過ごしたが2日後、夫の保雄さんは寒さのため死亡した（享年49歳）。幼児2人を抱え、途方に暮れたが、「子どものため、夫の分まで生きるのだ」と自らを励ました。3年を経て、30回以上の応募申し込みで現在の住宅に入居できた。わずかなマッサージ収入と月8万円の障害年金で2人の子どもを育てた。健気な車谷さんの姿に、近隣の人たちの温かい支援の輪ができていた。

子どもたちは独立し、1人で住んでいたが、不安もなく、穏やかに人生を過ごせると思っていたのに、神戸市から突然の退去通告を受けた。「ここでなければ、私は生きられない」、崩れるように座り込んだ車谷さんに、ウリエルが寄り添い一声吠えた。その声に活を入れられた。借上住宅の仲間と支援者と一緒に立ち上がった。東京・永田町の大臣室で中川正春防災担当大臣に〝直訴〟した。

2013年3月末、神戸市は85歳以上と重度障害者の継続入居を認める発表をした。「いざという時、助けてくれる人たちが移転したら、誰が私を助けてくれるの……」。車谷さんは大きな不安を感じた。十数年かかってできた人のつながりを絶対壊してはならない。継続入居希望者全員の入居を勝ち取るまで、車谷さんと愛犬ウリエルのたたかいは続く。

2015年9月、西宮市の「シティハイツ西宮北口」が期限切れとなり、2016年1月神戸市兵庫区の「キャナルタウン」が期限切れとなる。震災時、高齢者、障害者、母子家庭を行政は弱者と言い、復興住宅の抽選で優先権を与えた。弱者は震災で死に、避難所で死に、仮設住宅で死に、復興住宅でも死んだ。四度の危機を乗り越えた弱者に五度の危機が迫り「終の住処」を守るたたかいは新たな段階を迎えている。

（安田秋成）

2 復興まちづくり事業のもたらす復興災害

1 新長田駅南地区再開発の実態

(1) 事業の進捗状況

発災2か月後に多くの市民の反対を押し切って兵庫県および神戸市によって都市計画決定されたこの事業は、20年後の今なお「復興災害」を含め多くの問題を抱えている。神戸市の発表によると、新長田駅南地区震災復興第2種市街地再開発事業の進捗状況は表1および図1のとおりである（2014年6月現在）。再開発ビルの延べ面積ベースで完成率は84・3%。第2地区の若松7工区は今なお事業計画が未決定のままである。完成したところも保留床（特に店舗・事務所）の半数以上が売れ残っている。このことが「シャッター通り」をもたらしているだけでなく、売れ残り保留床の所有者である神戸市の集会（総会）での議決権をめぐって新たな問題を引き起こしている。神戸市は震災復興の公共性が高いと称して第2種事業として自ら事業者になりながら、途中で執行を断念し、2002年度から都市再開発法にもとづく特定建築者制度（以下「特建」）の導入を始め、これまでに11棟（マンション8棟〈学生専用1棟を含む〉、ホテル1棟、アミューズメントビル1棟、交番1棟）が完成したが、5区画（工区）が売れ残っている。「特建」の導入は、この再開発計画が過大計画であったことや再開発会計の破たんを自ら暴露したものと言える。

表1　新長田駅南震災復興第2種再開発事業の完成率

（単位：㎡、％）2014年6月現在）

地区名	事業計画の延べ床面積	完成済み延べ床面積	完成率	備考（対象地域）
第1地区	242,260	203,250	83.9	腕塚町、久保町、二葉町の各5～6丁目
第2地区	142,190	123,330	86.7	若松町、大橋町の各5～7丁目
第3地区	98,840	80,920	81.9	若松町、大橋町の各3～4丁目
合　計	483,290	407,500※	84.3	

※特定建築者分（完成済み延べ面積合計＝59,680㎡・14.7％）を含む

20・1haのうち最初に事業計画決定がなされた国道2号以南の第1地区（8・1ha）では、神戸市を信頼して再開発ビルに店を構えた被災商業者の窮状が、団結を促し、メディアでもその実態が報じられるようになり、

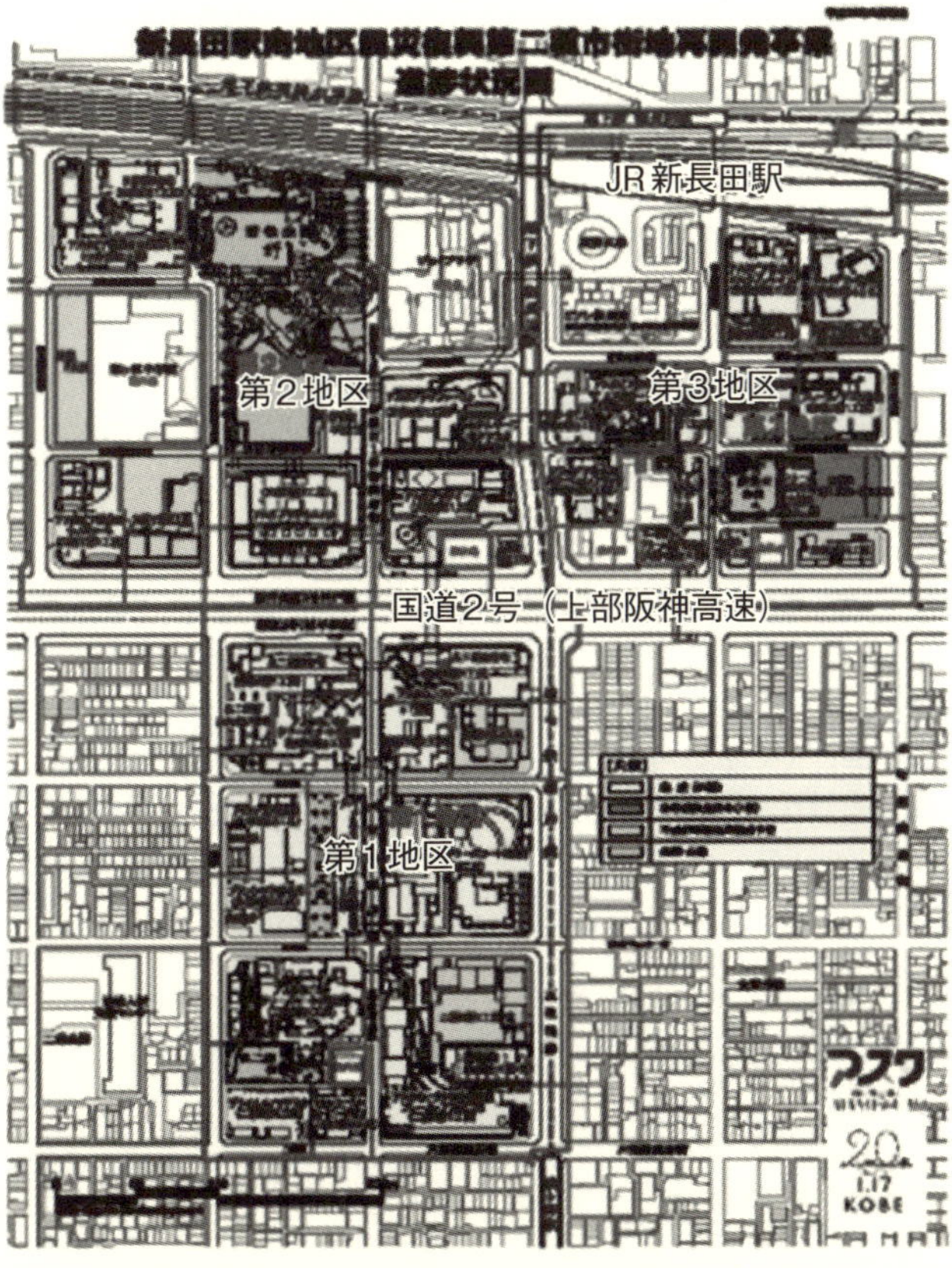

図1　新長田駅南地区復興第2種市街地再開発事業進捗状況図

神戸市のかたくなな態度に変化の兆しが現れはじめている（現在、第1地区で問題になっているビル管理とまちの再生については別項を参照願いたい）。

(2) 市民に実態を明かさない独善的な会計制度

神戸市の再開発特別会計はいわゆる「どんぶり勘定」で、個々の事業の実態がつかめない仕組みになっている。つまり個々の再開発事業の正確な評価や総括ができない。この問題はすでに２００９年９月、兵庫県自治体問題研究所発行『神戸市政を考える』や『東日本大震災　復興の正義と倫理』（２０１２年12月、クリエイツかもがわ）などで触れたのでここでは割愛する。

これまでいく度となく公文書公開請求を行い、不服審査委員会にも訴えたが、結局5年という決算原資料の保存年限に阻まれて実態がつかめなかった。今回、やむなく補助金適正化法にもとづく実績報告や状況報告等に関する公文書公開請求をしてみた。しかし、多種多様の補助金のどの部分が新長田の再開発事業に寄与したのか、保存年限の制約もあり特定するのが難しく、断念せざるを得なかった。

要するに市民が収めた税金の使い方を市民に明らかにしない神戸市の態度を変えることが課題である。と同時に市民不在を許さない市民力の醸成が求められていることも課題である。

(3) 問題提起

市街地再開発は本来保留床の売却益で建設費を賄う制度である。その保留床の半数以上が売れ残っているのだから再開発会計は行き詰まる。根本的には保留床が売れ残る原因を究明し、その対策が課題である。

もちろん震災を「奇貨」として「創造的復興」などと市民不在の過大なハコモノ計画を独善的に推し進めたそしりは免れない。

この再開発事業が行きづまることは決して結果論ではなく、筆者を含め当初からさまざまな専門家が指摘してきた。しかし、市は、市民の意見書を、再開発事業を推進する幹部だけで構成された「意見書処理委員会」で処理し、門前払いにしてきたのである。市民の意見に耳を傾ける、まちづくりの総合性の確保が課題である。

神戸市は、「新長田地区中心市街地活性化基本計画」の中で「ケミカルシューズ産業の停滞が地域産業全体に影響を及ぼしており、ものづくり分野をけん引するためにも、新たな取り組みが必要である」と述べていた。「新たな取り組み」の確立と実行が課題である（本書I-15項「ケミカルシューズ産業の現状」参照）。

1995年の大震災から20年後の今日まで市長は3人目であるが、最近の2人も大震災当時の後継者で基本的に政策を引き継いでいる。市長を選んだのは紛れもなく神戸市民・有権者である。市民力の醸成が課題でもある。

以下、4点に絞って問題提起をしておく。

①総合的なまちづくりをめざして、関係部署を網羅したプロジェクトチームの設置義務を条例で定める。

②再開発特別会計を事業ごとの実態がわかる予算、決算に改める。

③市民の知る権利を保障する。それに必要な公文書の保存年限を見直す。

④まちづくりを担う市民の人材育成に力を注ぐ。

（増田　紘）

2 出るも地獄残るも地獄

被災した会社や商店主はどうやって事業を立て直すか、先が見えない時に神戸市は市民の猛反対を押し切って被災後2か月という早さで新長田地区に都市計画の網をかぶせた。

国は1995（平成7）年2月26日に「被災市街地復興特別措置法」を制定し、この法律によって建築制限をかけ2年間の期間を確保した上で「まちづくり」を進める方向を示したが、神戸市はこれを蹴って再開発法で進めた。

今回の法律は、34＋11文字「神戸国際港都建設事業新長田駅南第○地区震災復興第二種市街地再開発事業」「住宅市街地総合整備事業」の合併施工、という法律である。

まちづくり専門家の中には「古道具屋のカビの生えた法律」でまちづくりをすると揶揄する人もいた。再開発事業は「出るも地獄残るも地獄」で、これを「二度目の被災」と私は言い続けてきた。

なぜ地獄で二度目の被災なのか？　商業はその土地で顧客に認知されている。地区外に出れば新しい店舗の建築から顧客の開拓までしなくてはならない。さりとて再開発ビルに残れば、新しい店舗の床の買い取りに多額の費用がかかり（再開発の建物は自力建築の50％増しの建築費）、借入金の返済や管理費・修繕積み立て金など経費がかさむ。個人店舗では資力に応じて店を大きくしていくことができるし、店を担保に融資を受けて飛躍することができるが、共有ビルではそれは無理である。廃業して店舗を売りに出しても共有ビルの床は買い手がつかない。斯くて震災前に汗水流して蓄えた資産はゼロとなる。

震災後、再開発や区画整理の法律の説明会が長田区役所であった。神戸市から7人の職員がひな壇に並んで説明や質疑・応答をし、100人以上が参加、私も参加した。

ひな壇の神戸市職員に銭湯（はと湯）の主人の森さんが「みなさん名刺をください」と言って受け取り、席に戻って、「みなさん、この名刺を私はどうすると思いますか？」と言う。職員がみな、怪訝な顔をしていると、その森さんというおばあちゃんは「この名刺を神棚に上げて一生呪い続けてやる！」と言った。会場からは割れんばかりの拍手が起こった。市民に呪われた再開発事業で街が復興しないことは、20年たって、現実が物語っている。

私の場合、店を再開するには、まず震災の直前に店舗改装した時の借金の返済をしなければならず、自宅のローンもまだ何百万円も残っている。焼け跡に店舗付き住宅を建てればまた借り入れが増える。三重ローンを焼け跡の店舗で稼ぐことは不可能に近いと思われた。

そこで銀行の貸し付けの窓口に相談に行くと、借金返済のための借金はダメとのことである。借金を一本にしないと営業が成り立たないが、銀行も規則は曲げられない、店を再開してもいずれ廃業することが脳裏にあったので、内装も簡単にして金をかけないように考えながら進めていた。

併行して、店の備品を入れるため、震災前から取り引きのある道具屋に行って丸いすや食器等の備品の注文をすると、そこの社長が「中村さん、あなたの気持ちは痛いほどわかるが、開店して日にちがたって一般の人が街に来るようになったら、そんなみすぼらしい店にはお客さんは来ないよ！」と言われ、目から鱗だった。後にこの助言によって大いに助かった。

あと下水が通れば営業できるところまで来たのに、下水課の職員は「私道の下水管は個人負担です」と言う。困った。そこで思案の末、市役所の下水課に行ってダメを確認した後に、「市が原則を曲げられないなら私は避難所から出ることができないし、勤め人ではないので収入はゼロ、神戸市は自立しようとしてもがいている人を見殺しにして、生活保護で生活しなさいという、そんな考えの行政か!!」と怒鳴って帰った。

明くる日だったか担当の職員から電話があり、よい案があると言う。聞くと、わが店の前は9m公道で、わが家の方に下水の本管が通っているので、本管割りの工事を業者に頼めば下水は使用できるが、費用は自己負担です、ということだった。

この頃、店の周りはガレキが散乱し、街灯はまだ復旧しておらず、道路はあちこちで陥没しているという状態で、夜は完全に人通りが途絶えた。

1995（平成7）年5月25日、不安いっぱいの開店をした。予想に反して初日から満員の日が続く。この焼け野原にどこからこれだけの人が来てくれるのか、不思議に思うと同時にお客さんに感謝した。

こんな最中、まちづくりの会合で、建物などハードなことばかりでなく、被災者を元気にするソフトの面も考えようという話が出た。下町のヒーロー「寅さん」を呼んで歩いてもらうと被災者は元気になるという話に発展し、映画のロケを呼ぼうと、たくさんの方が松竹にかけ合ったりした結果、ロケが実現することとなった。ロケが決まってから「寅さんを迎える会」という会を立ち上げ、私は事務局長としてロケの実現まで関わった。これは唯一楽しい想い出として心に残っている。

店の仕事をしながらロケの準備もしなくてはならない。まちづくりの会合も週に3回くらい。そのうちに事業者の会を立ち上げ、JR新長田駅の東口の復活運動等、7つの団体の要を同時にこなしながら営業をした。今考えれば、よくこれだけの会と用事をこなしたものだと我ながら感心する。

借り入れも順調に返済できたし、初孫も生まれ、震災の記憶も時として薄れていくことはストレス解消にもなりうれしかった。

私は再開発事業の担当者に「死ぬまでここにいるから」と宣言し、「どかせるものならどかしてみろ。日本の歴史で再開発で強制収用された例はまだない！　私が日本で第1号になることは名誉だから絶対に動かない」とことあるごとに言っていた。

補償係に私の主張、あなたたちの金額は通常の金額で、わが家のプレハブは8年たてば残存価格はゼロに等しいが、震災直後のプレハブは需要が多く、木造より高価格であったことを伝える。担当者も内心はわかっていたと思うが、それでは収用金額のデータが補償金額とマッチしないから、担当も苦慮したと思う。

そんなやりとりがあって金額を提示され、私の計算の範囲内に収まっていたので受け入れることにし、契約書に判を押して土地と建物を売却し、西宮市に転居した。

孫も8人に増え、趣味と実益を兼ねて神戸市北区と三田市に3か所の養蜂場を設け、おいしいハチミツを販売し、たくさんの方から喜ばれて楽しい時を過ごしている。

（中村専一）

３ 「市場経済」と「不動産価格」を破壊した新長田駅南地区再開発事業

⑴ 保留床による「市場経済」と「不動産価格」の破壊

ＪＲ新長田駅の南、国道2号線以南にある再開発ビル「アスタくにづか」の商業エリアは、９棟、地下1階地上5階からなり、総床面積は3万7338・48㎡である。

本来、再開発事業とは床を売却して事業を終えることになっている。震災復興再開発ビル「アスタくにづか」においても同様で、権利者が「生活再建」のために床を取得した後、残った床を事業主である神戸市が「一般公募」で売却することになっていた。

しかし、「アスタくにづか」は、商業床の60％以上が売れ残るという悲惨な結果であった。「権利床」の1万4888・66㎡は売れたが、これは被災権利者が生活再建のために取得したものであり、「保留床」の一般公募での売却はほぼゼロ、皆無に等しかったのである。

権利床（権利者が所有する床） 1万4888・66㎡（39・87％）

保留床（神戸市が所有する床） 2万2449・82㎡（60・13％）

再開発事業に際し、被災権利者は土地を手離し、建物を撤去するなど「特別の協力」をしてきた。また、再開発ビルへの入店は「分譲のみ」という神戸市の当初の計画にしたがい、資金を掻き集め、借金を抱えるなどして、再開発ビルの商業床を購入し、内装工事を行ったのである。

ところが、神戸市は再開発ビルが次々と完成するにつれ、「保留床」が一般公募で売却できないため、一方的に「分譲」から「賃貸」に変更したのである。それどころか、テナントの誘致が進展しないことから、権利者に一切承諾を得ず「家賃のダンピング」や「内装費の補助」を行っていたのだ。60％以上の商業床を所有する神戸市は、「空き床対策」や「街の活性化」と称して、民間ではあり得ない、固定資産税さえ下回るのではないかと思われるような「家賃のダンピング」や明確な認定基準もないまま破格の「内装費の補助」を行っているのである。これによって再開発ビルの空き床はタダ同前の価格となってしまった。保留床の賃貸を推進するための施策によって、神戸市がこの地区の「市場経済」と「不動産価格」を一気に破壊させてしまったと言える。

1999年に最初の再開発ビルがオープンしてから現在に至るまで、「アスタくにづか」の商業エリアでは復興基金や補助金が垂れ流され続け、テナントの誘致と撤退、付け焼刃的なイベントが繰り返されているだけで、右のような問題は何ら解決されていない。

商業床の「正常化」に一刻も早く取り組まなければならないことは言うまでもない。

国道2号線以南に対し、以北の再開発商業エリアは、JR新長田駅前に位置し、14棟、地下1階地上5階からなり、総床面積は2万9766・22㎡である。

この駅前エリアでさえ、「保留床」の一般公募での売却は皆無に等しかったのである。

権利床（権利者が所有する床）　1万2982・69㎡（43・62％）

保留床（神戸市が所有する床）　1万6783・53㎡（56・38％）

（2011年谷本調べ）

(2) 復興を阻む「3層プロムナード構想」と「ゾーニング計画」

新長田駅南再開発における「3層プロムナード」とは、地下鉄「新長田駅」から始まり、アスタプラザファースト・イースト、アスタくにづか1番館・3番館・5番館といった再開発ビルの建物内部を通り、地下鉄「駒ヶ林駅」までを結ぶルートで、地下1階から地上2階にかけて展開する大規模な吹き抜け空間および商業通路のことである。

「3層プロムナード」は、商業エリアの中でも賑わいにあふれた大規模空間になると想定されていたが、実際にはこの地区の動線にもなっておらず、かえって建物内部における人の流れを分散させ、賑わいが成立しにくい結果を招いている。

それどころか、吹き抜け空間および通路といった共用部分は、自動ドア、エスカレーターやエレベーター、トイレや空調などコストのかかる多くの共用設備を必要とし、高額な固定資産税や管理費負担の原因となっている。これが事業経営や不動産のキャッシュ・フローを悪化させているのである。

また、新長田駅南再開発ビルにおける問題の1つに、「生鮮食料品店は地下1階」という「ゾーニング計画」がある。

「アスタくにづか」では、地上1階部分といえども、その床をすべて物品販売店や飲食店だけで埋めることは至難の業である。商業エリアはシャッター街となり、保留床の多くが展示コーナーや休憩コーナー、事務所や倉庫、介護ショップや介護施設といった商業エリアらしからぬ用途で使用される結果となり、賑わいどころか、商業エリアの様相さえ失ってしまっている。

権利者（権利床の所有者）のなかには、空床を抱えたまま、高額な固定資産税と管理費負担に苦しんでいる人も少なからずいる。貸せるものなら、生鮮食料品店にでも貸したいと思うのは当然のことである。実際、地上1階は物品販売店に比べ、はるかに生鮮食料品店の賃貸需要があるのだが、地下1階の権利者が「生鮮食料品は地下1階」という再開発ビル建設計画当初の「ゾーニング計画」を持ち出し、地上1階の権利者が生鮮食料品店に賃貸できないように裁判沙汰にするなど、トラブルになっているのが現状である。

こんなことを繰り返しているようでは、いつまでたっても街がよくなるはずなどない。

もう1つの大きな問題は、計画性のない神戸市の「管理処分計画」により、小さな権利床が点在して膨大な保留床が虫食い状態になっていることである。結果的に街全体として、商業床の有効活用ができなくなってしまっている。

たとえば、アスタくにづか3番館地下1階の商業床の所有権割合は以下の通りである。

権利床（権利者が所有する床）　185・28㎡（5・95％）

保留床（神戸市が所有する床）　2930・00㎡（94・05％）

計画性のない「管理処分計画」に始まり、「3層プロムナード構想」や「ゾーニング計画」はこの街の現実にそぐわない、無責任で中途半端な計画であったと言わざるを得ないが、新長田駅南再開発ビルの一番の問題は、そのいずれもが見直されず、いつまでも改善されないことである。

（谷本雅彦）

4 新長田駅南地区再開発の現状と課題

(1) 復興再開発の完了は、2017年度末の見通し

新長田（神戸市長田区南部）のまちは、神戸の地場産業のひとつであるケミカルシューズの工場や卸売店舗が多く、アーケードで覆われた商店街が縦横にはりついた住宅・商業・工業の混合地域である。建物の多くは2階建て以下の木造で、幹線道路以外は無数の路地で構成された神戸の代表的な下町であったが、震災ではケミカル工場が多かったこともあり、市街地は大火に見舞われ、ほぼ壊滅状態となった。

この焦土と化した20ヘクタールに及ぶ広大な地域を神戸市は、市が中心となって土地を買収し、高層ビルを含む44棟のビルを建設するという大規模な震災復興再開発計画を立てた。事業費は2710億円。住民や一部の研究者からは「それほどの需要はない」と問題点が指摘されていた開発であった。

筆者は1995年3月14日、神戸市都市計画審議会において「都市計画決定は、急がず、ちょっと待て」との趣旨で、次のように陳述をした。

「都市計画案（区画整理、再開発計画）は、多くの住民の知らないうちに決定されようとしています。近隣の避難所のみならず、他地域・他府県に避難をしている住民も多数にのぼっています。1月17日以前の状況とは全く違っているのです。住民への周知徹底はなされていません。都市計画法は、今回のような大震災を想定しておらず、したがって、法の規定する縦覧期間2週間は、今回の事態の中ではあまりにも短

かすぎます。神戸市として国・県に対して期間の延長などを求める必要があります」

２０１４年６月時点で、再開発ビルは37棟が完成、１棟が設計中、６棟が着工予定となっている。国道２号線の南側に位置する「アスタくにづか」（大正筋商店街）はこのうち９棟を占め、住宅以外の商業スペースは約８万３０００㎡であるが、売却できた床面積は約４万５０００㎡にとどまっている。神戸市は２０１４年３月末、全事業の完了は大震災から23年を過ぎた２０１７年度末にずれ込む見通しを明らかにした。

20年たった現在、すでに完了している商業スペースの多くは〝シャッター通り〟状態となっている。賃貸料はダンピングされて、タダに近い価格にまで落ち込んでいる。

商業スペースの大部分を第３セクターの「新長田まちづくり株式会社」が管理しているが、１４５㎡で１か月の家賃が１万円という区画も出てきている。さらには、数百万～１０００万円近くの内装までして貸し出すことも行われてきた。このような内装費の総額は、45店で約３億１０００万円に上る。賃貸の安さから大阪、東京から出店する業者もいたが、収益が上がらず数か月で撤退していく悪循環が続いている。

一方、元々、この地域で商売をしていた被災者の多くは、神戸市の半ば強制的な再開発によって借金をしてビルの店舗床を購入した。入居した商業者は、高額な管理費を払いながら、商売を続けているが、赤字が続き負担が増えていくばかりである。商売が立ち行かなくなり、床を売りに出しても買い手がつかず、不動産取引が成立しなくなってしまっている。「このまちを、市場経済のルールが通用するまちに戻してほしい……」と店舗床を購入した被災商業業者は、嘆く。

大正筋商店街で祖父の代から67年にわたり飲食店『七福』（アスタくにづか４番館）を営んできた横川

昌和さんは、町に活気が戻ることを信じて再開発事業に参加してきた。銀行からの借り入れで新しいビルの床を取得したが、大震災から20年過ぎても町の賑わいは程遠く、売上げは伸びず、多額の借金を抱えたままである。

(2) 神戸市の言葉を信じてきた被災商業者

「神戸市が市民をだますようなことはしません。信じてください」と懇願する神戸市の職員の言葉を信じてこの地区で営業を続けてきた被災者たちは、赤字を背負い、ローンの返済、共益費、そして固定資産税などの税金の支払いに追いかけられ、逃げることのできない苦しみを味わっている。

20年前の都市計画の意思決定をした当時の責任者、つまり神戸市長・助役はじめ幹部職員、賛成した神戸市会議員、推進した研究者、コンサルタントは、誰一人としてその責任をとろうとしないでいる。

(3) 第3セクター新長田まちづくり株式会社の異常な〝管理〟

巨大再開発事業で空き床が増え、〝シャッター通り〟商店街に陥り、そこからの脱却、活性化、再生策を探るだけでも大変なことであるが、この神戸市が造成した新長田駅南再開発事業では、その上に、管理者並びに管理会社として「君臨する」神戸市の第3セクター新長田まちづくり株式会社の異常な振る舞いがのしかかっている。

新長田まちづくり株式会社は、再開発ビルの一元管理を目的に、神戸市とイオンや金融機関、損保会社なども共同出資して1998年に設立した第3セクターである。この時、完成したビルの各棟の管理規約に、同社を管理者とする条項を盛り込んだ。

アスタくにづかの有志多数は2013年9月24日、「新長田まちづくり㈱を再開発ビル管理者から解任することを要求します」として、次のような要求署名（300人分）を神戸市に提出した。

「2013年3月21日に開かれた神戸市議会における質疑でも明らかなように、アスタくにづか店舗区分所有者の多数は、再三にわたって水増し請求など数多くの不明朗な会計処理に対する説明と是正を新長田まちづくり㈱に求めてきました。しかし、新長田まちづくり㈱は説明を行うどころか、独断・独走、隠蔽工作、威圧的な言動、不誠実な態度により、新長田まちづくり㈱と店舗区分所有者の信頼関係は崩壊し、管理業務を行わせる基礎は完全に失われてしまいました。

本来あるべき（独裁ではなく、競争原理の働く）透明で善良な管理運営システムに改めることが『管理費負担の軽減』『資産の向上』『まちの活性化』に繋がることは明らかであるため、新長田まちづくり㈱を再開発ビル管理者から一刻も早く解任することを神戸市に求める」

(4) 被災商業者が中心となって「新長田駅南再開発を考える会」を結成

こうした現状のもとで2010年以来、先の横川昌和さん、谷本雅彦さん（メンズショップペット／同4番館）らが中心となって2012年春、「新長田駅南再開発を考える会」（考える会）を結成し、まちの正常化と活性化の課題に取り組んできている。また、それを妨害しようとする人々の動きも活発になってきている。地元の人々の取り組みが活発になるにつれテレビ、ラジオ、新聞などマスコミも積極的・精力的に取材し、報道してきている。

(5) いま行われている裁判

この3年、アスタくにづかでは次のような6件もの裁判が展開されている。

①2011年7月：1棟の商店主らが新長田まちづくり㈱に電気料金などの賠償を求め提訴。
②2012年1月：各棟の商店主ら52人（現在60人）が新長田まちづくり㈱に管理費過払い分の返還を求め提訴。2014年11月、結審。2015年2月、判決。
③2012年11月：新長田まちづくり㈱が1棟の店舗部会に管理費など未払い金の返還を求め提訴。
④2012年12月：新長田まちづくり㈱が一部店舗に管理費など未払い金の返還を求め提訴。
⑤2013年4月：2棟の2店舗が新長田まちづくり㈱のビル管理者解任を求め提訴。
⑥2014年5月：6番館北棟にて、新長田まちづくり㈱が店舗部会に監視カメラの撤去等の請求を求め提訴。9月、口頭弁論。

(6) 2014年6月、3セク＝新長田まちづくり株式会社を解任

紆余曲折を経て2014年6月24日、アスタくにづか2番館北棟の集会（総会）において、新長田まちづくり株式会社の「解任」を決めた。続いて26日、1番館南棟の集会（総会）においても同社の「解任」を決めた。神戸市もようやく「まち社は混乱を収拾できない。区分所有者の総意を尊重したい」との姿勢に転換せざるを得なくなったのである。

4番館や5番館においても、先に結成された「考える会」と連携した区分所有者が中心となって新長田まちづくり株式会社の「解任」を決めるべく精力的に取り組んでいる。

（出口俊一）

【参考】神戸市の説明資料／新長田駅南地区再開発事業の紹介
http://www.city.kobe.lg.jp/information/project/urban/redevelop/nagata.html

39 社会 14版 2014年（平成26年）7月10日 木曜日 朝日

震災復興 20年目の再始動

阪神大震災で焼け野原になった神戸市長田区の商店街で、再開発ビルに入る商店主らが、ビルの管理業務を独占してきた市の第三セクターを「解任」した。店が半分しか戻らないのは「高すぎる管理費」が一因だとして対立が続いてきた。震災20年目でようやく迎えたスタートだと商店主たちは受け止めている。

市の三セクを解任したアスタくにづか1番館南棟（右奥）の区分所有者ら＝神戸市長田区

神戸・長田 再開発ビル商店主ら

「管理費割高」三セク解任

阪神大震災で中心部が全焼、全壊した大正筋商店街＝1995年2月11日

新長田駅南地区再開発

阪神大震災2カ月後、神戸市が約20㌶（甲子園球場の約5倍）を対象に総事業費約2700億円の再開発計画を決定。今年6月時点で再開発ビル37棟が完成、1棟が設計中、6棟が着工予定。「アスタくにづか」はうち9棟を占める中核施設で、住宅以外の商業スペース約8万3千平方㍍のうち、売却できたのは約4万5千平方㍍にとどまる。

JR新長田駅南地区の再開発ビル「アスタくにづか」。その2番館北棟と1番館南棟に入居する「大正筋商店街」の商店主らが6月下旬、市の三セクでビル管理者の「新長田まちづくり株式会社」（まち社）を解任した。大口の区分所有者である神戸市も同調。市が三セク解任に加わる異例の事態となった。

紳士服店を営む谷本雅彦さん(50)は「ようやく正常な状態になった。これからが新たなスタート」と胸をなで下ろす。

一帯はケミカルシューズ産業が栄え、市西部最大の商業集積地だったが、1995年の阪神大震災で壊滅的被害を受けた。大正筋商店街も店舗の9割が焼失した。市は2カ月後、約20㌶にビル約40棟を建てる国内最大級の再開発事業を決めた。ビル群を一体的に管理した方が効率がよく、復興もスムーズに進むとして、市などが出資して98年にまち社を設立。維持管理業務をほぼ独占してきた。

しかし、街に工場は戻らず、商業フロアにはシャッターが目立つ。ある商店主は「店は震災前の半分、約50店に減った」。戻った商店主らが、経営や進出の妨げになっていると指摘するのが、ビルの管理費だ。

駅に近い1番館南棟の商業フロアで坪3300円。谷本さんは「なぜ高いのか、まち社に内訳の説明を求めてきたがまともに応じてもらえなかった」と憤る。管理費の返還を求めてまち社を提訴し、3年前に店舗を自主管理する条件で和解した6番館北棟の葉山嘉勝さんは「自主管理で、費用は5分の1になった」と話す。

まち社は取材に対し、「管理費が高いのはエスカレーターやエレベーターなどの設備が多いため」と説明。管理業務は別会社に委託しており、「契約の詳細は公表できない」という。

区分所有者側は通常、自由に管理会社を選べるが、アスタの各ビルの管理規約には、まち社がビル管理者の権限を持つという条項があったため、規約改正に所有者の4分の3の賛成が必要で、「市が同調しない限り不可能だった」（商店主）。

市は「区分所有者の信頼を取り戻すようまち社に何度も促したが、改善がみられない」（市幹部）として昨年、商店主らの意見に同調する方針を決めた。解任の動きはほかの棟にも広がる可能性がある。

うどん店を営む横川昌和さん(52)は「再開発で街はまた栄えると思っていた。震災から20年近くたっても問題が山積みだ」と語る。

地元では、にぎわいを取り戻そうと、「鉄人28号」の巨大モニュメントを設置するなどしてきたが、商店街の売り上げは思うほど伸びなかった。市と共同で年内にマスタープランを策定し、来年度から商店街の再整備にとりかかる。

（赤井陽介、水戸部六美）

震災20年目 商店主らの決断

阪神大震災の被災地に建てられた再開発ビルで、管理業務を独占してきた神戸市の第三セクターが「解任」された。被災20年目の地で、何が起きているのか。 39面

「朝日新聞」（2014年7月10日付）

5 区画整理がもたらす復興災害

神戸の典型的な下町である長田区御菅地区は、震災で壊滅的な被害を受け、復興に向けて土地区画整理事業が適用された。震災復興の区画整理は関東大震災でも行われ、いわば復興まちづくりの定番であるが、被災地の再生という観点からみればさまざまな問題を抱えている。

(1) 区画整理では元の町に戻れない

御菅地区では、従前この町に住んでいた人や営業していた人の地区内再建率は3割弱(27・3%)であった。震災当初のアンケート調査では8割が、〝地区内再建をしたい〞という意向を示していたから、この数字は区画整理事業で元の町に戻ることがきわめて困難であったことを示している。

○地区に戻るためには、地区から離れない自力仮設が有効

区画整理事業では、仮換地までは建築制限がかかり、仮設建物しか建設できないため、従前地に住宅・店舗・工場などの仮設建物(自力仮設)を建てた者が2割いた。逆に言えば8割がコストのかかる自力仮設を建てず、いったん地区外に転出していった。

店舗、工場では、自力仮設を建てた者のみが、地区内で再建できた。転出した店舗、工場は、引っ越しのコストや取引先の再確保等が必要なため、地区内に戻らなかった。住宅についても地区内再建したものの

93・5％は、自力仮設建物を建設した人々であった。結局、地区を一度離れると、戻ることは困難で、地区から離れることのない自力仮設建設が、地区内再建には有効なのである。

(2) 受皿住宅は有効だったか

土地の所有権・借地権のある者の地区内再建率は約5割にのぼるが、借家人のそれは約1割と低い。区画整理事業では借家人は権利者ではなく、従前地区に戻るのは難しい。

そこで、阪神・淡路大震災の復興では、まちづくり協議会（以下、まち協）による公営住宅の提案・要望もあり、区画整理事業により住宅を失う従前居住者への対応として、住宅市街地総合整備事業（住市総）によって、従前居住者用賃貸住宅（以下、受皿住宅）528戸が建設された。[注1] しかし、この受皿住宅の建設は、1999年以降となり、その情報を入手できた入居資格者405世帯（76・7％）が、優先入居できた。

受皿住宅は御菅西地区にも建設された。しかしその完成は、震災から4年半後の1999年で、入居対象者に情報が明らかになるのは、入居1年前くらいであった。入居資格者であっても、それ以前に他の公営住宅に入居して資格を失ったり、情報が得られず入居できないものがいた。受皿住宅の建設経緯と入居過程をみると、地区内再建には次のような課題がある。

①低家賃の民間借家に住んでいた被災者は、仮設住宅から、随時建設される公営住宅へ転居する傾向がある。それは、受皿住宅より先に建設される場合もあり、公営住宅に入居するとその段階で、受皿住宅へ

の入居資格を失う。住市総と区画整理事業の合併施行によって受皿住宅ができたが、その建設を早くしないと、入居できない世帯が生じる。

②公営住宅へ入居した世帯の中には、公営住宅へ入居すると受皿住宅入居資格を失うことを知らない世帯や、受皿住宅建設自体を知らない世帯もいた。市からの正式な受皿住宅入居希望調査票の送付時期が公営住宅入居より遅い地区もあり、入居対象者のリストから結果的に外れた世帯も出た。仮設住宅解消からの1、2年を民間賃貸で待てる世帯までもが、受皿住宅の入居資格を失ってしまったのである。

③そのような中で、まち協が発行するまちづくりニュース等で受皿住宅について知り、入居につながった世帯もあった。しかし、震災時の混乱で、まち協が連絡先を把握していない入居対象者もいたし、土地所有者の場合、市に土地を売却することが入居資格であるが、その情報を把握できなければ、入居資格所持者がわからない。こうしたことから、まち協にとっても受皿住宅への入居の成果を出すのは困難であった。

④借家人や自力仮設を建てず転出した人は、情報を得る機会が少なく、入居資格を維持することが困難であった。結果的に優先入居できたのは、区画整理に協力した地主や、借地権のある家主と、従前地に自力仮設を建て、そのまま換地による移転に応じた人々であると思われる。

(3) 元の町で暮らしと営業を再建するために

いうまでもなく、震災復興では、被災者が元の暮らしや営業を再建することが最も重要であるが、御菅地区の経験から次の点が指摘できる。すなわち、基本的に区画整理手法だけでは、元の地区での再建は困難である。とりわけ借家層は区画整理事業においては無権利で、地区内再建はきわめて困難である。土地所有者や借地権者であっても、自力仮設建物を建てず一時転出した工場・店舗においては、地区内に戻って再建することは困難である。救済策としての受皿住宅も建設時期が遅れ情報が行き届かず、借家人や地区外に一時転出した従前居住者は入居困難となった。

こうしたことから、元の町での暮らしや営業の再建を実現するためには、①従前地区で住みたい希望を持つ被災者を再建過程で地区外に転出させないことが重要であり、②借家層を対象とし、地区内再建のまちづくりの情報を速やかに伝達し、災害による大きな環境変化の影響をできるだけ小さくすることが重要である。

（宮定　章）

【注】

1. 森南地区を除く、他のすべての区画整理地区に、受皿住宅は建設された。

【参考】

1. 宮定「復興土地区画整理事業における権利関係・建物用途に着目した再建動向に関する研究―神戸市御菅西地区におけるケーススタディ―」（日本建築学会計画系論文集　2012年3月）
2. 宮定「都市型災害時における従前居住者用賃貸住宅の入居プロセスに関する研究―阪神・淡路大震災復興土地区画整理事業地区（神戸市）の事例を通じて―」（日本建築学会計画系論文集　2012年7月）

6 まちづくり協議会の苦悩

(1) 神戸市長田区御蔵地区のまちづくりの背景と活動

地区の8割が焼失するという被害を受けた御蔵地区では、都市計画決定前の1995年3月3日、ボランティア団体が主催したまちの将来についての話し合いの場に、集まれる住民有志が集い、意見交換を行った。4月23日に、地区住民に呼びかけて総会を開き、「住民が1人でも、戻って来られる町」をめざして、まちづくり協議会（まち協）を結成した。

しかし、事業施行者（行政）を交えた会議の議題は、区画整理事業の道路・公園等、基盤整備のことであり、住宅再建の議論は後まわしであった。そのため、土地の権利を持たない借家人（当地区世帯の60%を占める）が参加しにくくなった。また、会議に参加する者にとっても、初めて知る減歩・換地等、難しい用語を理解し議論することは大変だった。そこで、少し先に経験している他地区の情報も必要になり、外部のボランティア団体と共に、情報収集や勉強を行った。

区画整理事業の仮換地指定開始は1997年で、1998年1月から一部で本建設が始まった。それまでは、自分の敷地であっても仮設建物の再建しかできず、多くの住民が地区外にいるため、会議の集まりが悪かった。少数のメンバーで会議を進めなくてはならず、議論の共有や代表性を担保しながらの組織運営にメンバーは悩んだ。

(2) 住宅再建

長田区は震災前、狭い敷地一杯に建物を建てている密集市街地が多かった。震災後、建蔽率を守って再建すると、3階建てとなり階段の面積割合が多く、居住面積が小さくなる。御蔵地区では、ワンフロアで住宅を持ちたい希望者が土地を集約し、共同再建住宅を話し合った。その上で、入居対象者の生活状況を探らなくては実現性が無いため、専門家と共にまち協は、生活実態調査を行った。遠くは岡山まで、聴き取りに行った。そして、8軒の対象者と2軒の新入居者が決まり、共同住宅は2000年に完成した。[1]

(3) 区画整理完了後、人々が住みたくなるまちをめざして

まち協は、区画整理事業の話し合いだけでなく、住宅再建や慰霊法要、夏祭り等の開催、コミュニティースペースの運営や、公園の芝貼りや低木の植栽、自作の慰霊モニュメント、古民家移築集会所作りの事業等を、できるだけ住民参加で取り組んできた。人の顔の見えるまちづくりをしてきた。

2005年3月、区画整理事業が完了した。人口は、震災前の8割に回復したものの、従前居住者は、3割弱しか戻ってこなかった。[2] その状況の中でまち協は、今後、人々が住みたくなるまちになるよう、地域の記録史の作成のための聴き取りや、古民家移築集会所を生かして、食事会やふれあい喫茶、絵手紙教室、パソコン教室、唱歌の会や講演会等を行い、改めて、地域に住む人々のこれまでの生活史から、今後のまちの在り方を模索した。

(4) まち協の解散とその経緯

２００６年度も定期総会で議決した事業計画にのっとり、地域活性化の町づくりに取り組むため、まち協は、兵庫県が公募する阪神・淡路大震災復興基金を活用した「まちのにぎわいづくり一括助成事業」に応募し、９月に採択された。活動しようとした矢先、その助成金の大きさと事業内容に対して、地域住民の中で反対意見が出始めた。

御蔵通５・６・７丁目自治会（２００１年再開、以下自治会）の臨時総会が10月26日に開かれた。その総会案内には次のように記されていた。

「まちづくり協議会の一部役員とボランティア団体が住民の同意を得ずして、助成金申請その他の事業を推進している。これは住民の意向を無視した行為である。

まちづくり協議会の活動は地区住民全員の生活環境を守るための組織であり、一部役員とボランティア団体のための事業活動は、本来のまちづくり協議会の姿から逸脱している。

震災後12年を迎えるにあたり、面的整備事業に係わる工事はすでに完了しており、住宅再建も済み、自立した住民が主体となる自治会にしたいとおもいます。」

その後、「今後のまちづくり協議会のあり方について」自治会とまち協の役員で二度協議をもち、まち協会長は地域にとってまち協の必要性を説明したが、理解されなかった。結局、まち協役員で相談し、まち協の解散を決意した。この問題を長引かせることで地区内に派閥ができ、個人として自由な意見ができなくなっては民主主義ではなくなる、そうであれば、まち協の解散も、まちのための大義だとの決断だった。

(5) まち協解散の要因

地域の復興に大きな役割を果たしてきたまち協が解散せざるを得なかった要因は、次の通りである。

①個々人の生活環境の変化によるビジョンづくりの難しさ

復旧復興を皆がめざした震災直後から12年を経て、各人の利害が変化し、生活環境にも差ができ、まちの将来ビジョン等について、合意形成が難しくなってきた。

②震災復興まち協の議論の限界

会議の内容は、復興事業に関わることの話し合いにとどまりがちになる。そこで、事業の権利者に該当しない世帯（借家人等）は、参加しても、話し合う事項の関係性が低いため、会議運営が難しい。

③地域の代表性の担保の難しさ

被災者が地区から遠く離れて暮らす状況で、再々のまち協の会議に出るには交通費や時間等がかかり、困難である。また、近くに居住していたとしても、生活再建のための仕事で精一杯で参加が時間的に難しい。毎回10人足らずで、３５０回の会議を行い、総会の維持がやっとという状態になっていった。そのような状況で、地区内再建をした人でも、知らない間にまちづくりが進んでいるという気持ちになる人もいた。まち協のメンバーは、全体としての意見を提案することに苦しんだ。

（宮定　章）

【注】

1. 『共働』共同建替事業の記録～「みくら5」の完成まで～（阪神・淡路大震災まち支援グループ　まち・コミュニケーション、２００４年）
2. 前項参照

3　建築家の果たした役割

この項では、建築家が震災復興でどのような役割を果たしたかを概観してみたい。建築家とは建築の設計者であるが、単に機能的で構造上安全なものを設計するにとどまらず、住み手・使い手や市民の想いに応えて、アイデンティティや文化性の高い、永続できる住宅や街並みを創り出す役割を担っている。そのような建築家本来の役割からみて、阪神・淡路大震災（大震災）の復興過程で、建築家と言われる人々は、どのような成果を生み出すことができたのであろうか。

(1)　日本と欧米との建築に関する社会通念の違い

さて、わが国の建築基準法には建築の定義はない。ただし第2条には建築物の定義があり、「土地に定着する工作物のうち、屋根および柱若しくは壁を有するもの」としている。一方、フランスの「建築に関する法律」の第1条には「建築は文化の表現である。建築の創造、建築の質、これらを環境に調和させること、自然景観や都市景観あるいは文化遺産の尊重、これらは公益である」と記されている。わが国の法では、文化的存在としての建築の定義がなく、物理的・機能的存在としての内部空間とそれを支える構造体を総合して建築物として定義している。建築物は機能的な役割さえ果たせばよく、デザインなどの文化的価値や街並み景観整備などは眼中にない。それに対しフランスなど欧米では、建築とそれらにより構成される街路は文化的存在で、人間の精神に快適性（アメニティ）をもって働きかけるものであるとの常識がある。

(2) 社会通念の違いがもたらす被災復興まちづくりの大きな違い

このような社会通念の違いは、災害復興においても彼我に大きな違いを生み出す。1871年にシカゴ大火が起こり、800ヘクタールが焼けはて、1万7400棟の建物が焼失建物となった。250人以上が死亡し、10万人以上が職を失うという大震災の被害にも比較されうる悲惨な大災害であった。この復興過程で、当時アメリカで市民運動として拡がりつつあったCity Beautiful Movementの影響を受けて、単なる物理的・機能的復興ではなく、都市として文化的にも質の高い復興をめざしたことに、阪神・淡路の復興と大きな違いがある。大火の直後にシカゴトリビューン紙が文化的側面も含めた復興を呼びかけ、全米から志ある建築家が集まって復興に携わった。シカゴの復興は高層建築を基本に再建が行われた。これらはシカゴ派の建築と呼ばれ、その美しいデザインで都市建築として一世を風靡した。今もこれらの建築群は健在で、シカゴの中心市街地の核をなしている（写真1）。

写真1　シカゴ派の建築

(3) 神戸などの復興では十分な役割を果たせなかった建築設計専門家

さて、神戸の震災復興のまちづくりである。高度経済成長を経て、国も市民もそれなりの経済力があり、文化的にもある程度質の高い震災復興のまちづくりが可能であっただろう。実際にはどのような結果になったか、ざっと概観してみよう。

戸建て住宅については、大手プレハブ住宅会社が、圧倒的に多くの住宅再建に関わった。それまでは戸建て住宅供給のうち大工・工務店によるものが8割、大手ハウスメーカーによるものが2割で、これは20世紀末から久しく変わらなかった。しかしこの震災を契機に、大手ハウスメーカーが4割、大工・工務店が6割と大きく様変わりした。プレハブ住宅の建設工期が短いことと耐震性が高いとの報道が後押しし、戸建て住宅の再建ではプレハブ住宅がその多くを占めたのである。いくぶん地域性を残していた神戸や阪神間の住宅地は、全国どこにでもある機能性本位の、文化性に乏しいプレハブ住宅の街並みに変貌してしまった。また、もともと建築家は戸建て住宅の設計の機会が少ないが、震災復興の戸建て住宅再建でも、目立った活動をすることはできなかった。

マンションなどの集合住宅は建築家と言われるような建築設計者の仕事となった。500棟以上のマンションが被災し、多くの設計者がその再建に取り組んだ。再建の条件が厳しいこともあるが、多くの再建マンションは機能的・コスト的に充足させることが精一杯で、建築としての高い文化性を獲得できた事例はほとんどなかった。

行政や公団が関わった地域再建のビル群も質の高いものとすることはできなかった。多くの地区で震災復興都市再開発事業が実施された。その最も大きいものは、新長田駅南の再開発事業である。住民の反対

写真２　新長田の墓石的再開発

を押し切っての巨大再開発で多数の超高層ビルが勝手勝手のデザインで建設され、周辺から突出した不調和な都市空間（写真2）を作り出している。過大な商業床による事業の失敗だけではなく、魅力のない廃墟のような墓石的都市空間を作り出した建築設計者は、出来上がったこの現在の姿に反省はないのであろうか。

脇浜の東部副都心においても、超高層の復興住宅が林立する。ここの公営住宅に被災したお年寄りが多数収容された。これまでは接地型の住宅に暮らしていたお年寄りに、超高層住宅は暮らしづらいものであったようだ。この責任は主要には行政や公団にあるが、設計者は住む人のことは意に介さず、委託された仕事として唯々諾々と設計をこなしたのであろう。

このようにみてくれば、大震災では、建築家と言われる専門家は、シカゴ派の建築家たちのように気概を持って文化性も含めた建築や住宅、都市の再建に携わったのではなく、自らの胃袋を満たすための日常的な仕事として関わったのであろうと判断せざるを得ないのである。残念ながら！

（竹山清明）

4 神戸空港――「希望の星」から「赤字の星」へ

1995年笹山幸俊神戸市長（当事）は「神戸空港は希望の星」だと発言し、震災復興の最重要施策と位置づけた。これに対し、1998年神戸市民は「大事なことはみんなで決めよう」と、神戸空港建設の是非を住民投票に求め、30万7797筆の署名が集まった。しかし神戸市長および市会多数はその声に耳を塞ぎ建設に邁進した。

(1) 神戸空港概略

神戸空港は神戸市の中心（三宮）から約8㎞南に海を埋立て建設された。国内空港と自ら位置づけて国の認可を得た市営空港である。

建設総費用は2968億円（計画3140億円）で、その内訳は臨海土地造成（空港島）2265億円、空港整備事業（滑走路他）584億円、港湾整備事業（埠頭他）119億円である。2006年2月16日開港した。滑走路は2500ｍのため国内およびアジアへの運航に限られる。

(2) 空港事業（管理収支）の現状

市民の反対を押し切って開港した神戸空港は、出発当初から計画どおりに運営できず、今では「希望の星」どころか「赤字の星」と化している。最大の収入源である着陸料は、開港の翌年以降一度も計画達成できず、ますます減少している（表1参照）。

一方、管理経費等を年間約7・4億円と見込んでいるが、着陸料に停留料（約0・1億円）を加えた本来の空港管理収入ではそれを賄えず、2014年度では1億円不足する。さらに、空港整備事業に係る起債267億円の償還（実質残180億円）に毎期20億円前後の財源を必要とする（表2）。空港島土地売却と着陸収入を見込んでいたがどちらも思惑どおりにいかず、2014年度では、新都市整備事業会計から借入（8億円）、県補助金（4億円）、地方交付税（6億円）、航空機燃料譲渡税（1・2億円）、土地使用料（0・8億円）等合計20億円を投入、管理収入に計上した。2015年度以降も同様であり年間8億円程度の借り入れが必要である。

(3) 空港建設による起債の償還進捗状況

建設費総額2968億円、起債総額2303億円に対し、1992億円を自力調達できず、既に1000億円を起債によって借換し、また他会計や会計内資金から調達し992億円を償還した。しかしまだ実質2149億円の負債が残っている（港湾整備除く）。

(4) 空港島土地売却の現状と今後の見通し

表2のとおり、この事業は空港島の土地が売却できる前提で企てた。

表1　神戸空港着陸料推移

単位：百万円

年度	2006	2007	2008	2009	2010	2011	2012	2013	2014（予）
計画	779	1,220	1,305	1,592	1,667	1,667	1,701	1,721	1,735
実積	899	899	738	675	606	732	736	610	621

神戸市・神戸空港資料室（2014年3月27日）

神戸市は空港島分の起債１９８２億円を２０１４年に全額償還する計画であったが、売却希望面積86・５haに対し、既処分面積は賃貸含め10・８ha（神戸新聞２０１３年12月４日付）、金額で１００億円程度である。

神戸市は現在売却単価を半額（13万５０００円／㎡）に値下げして売り出しているが、際立った効果はまだ出ていない。

(5) 空港事業の今後

関西国際空港、大阪国際空港（伊丹）の運営権売却が日程にのぼってきた。しかし神戸空港を組み込むことは約２０００億円の負債も抱え込むこととなるため、両空港の事業価値を損なうとして、除外された。また、神戸空港は成り立ちから2空港の調整池的な役割に過ぎない。両空港のスペースが不足の時のみ存在価値が見いだされるに過ぎず、通常は両空港と利益が対立する。

神戸空港の30発着枠のうち、スカイマークが21枠を占め（２０１４年６月現在）同社の拠点空港である。あとは全日空４、ＡＩＲＤＯ（エアドゥ）２、ソラシドエア３で、日本航空は撤退した。神戸空港はスカ

表2　起債の償還状況とその財源

単位：億円

		空港島	空港整備	港湾整備	合計
起債額		1,982	267	54	2,303
償還財源	土地	1,982	157(※1)	—	2,139
	着陸料	—	142(※1)	—	142
既償還額		982	110	不明	1,092
（内、基金他流用）		969(※2)	23(※3)	不明	992
借換		1,000	—	—	1,000
実質負債残高		1,969	180	不明	2,149

※１当初起債計画（299億円）の内訳。ただし、不動産売却なき場合、着陸料他管理収入から償還せざるを得ない。
※２返済先：会計内基金
※３返済先：新都市整備事業会計

表3　スカイマーク2013年度神戸空港搭乗率と旅客数

	搭乗率（％）	旅客数（人）
全社	68.54	6,568,511
神戸空港（羽田）	77.2	495,467
神戸空港（羽田以外）	55.2	1,022,874

スカイマーク2014年3月期決算資料

イマークに頼らざるを得ない。貨物の取り扱いも現在行っていない。

スカイマークは以前から事件・事故・トラブルを起こしているが、同社は、2015年3月期第1四半期決算短信で、「継続企業の前提に関する重要な疑義を生じさせるような状況が存在」と発表した。

抜本的な施策が求められるが、収益の目安である搭乗率は、羽田線以外低迷している（表3）。神戸市は運用時間の延長および発着枠の拡大を国に求めているが、旅客数は多いものの便数を減らして搭乗率を上げている「羽田以外の路線」では効果は期待できない。同社の生き残り戦略は、神戸空港の大幅な便数・路線撤退を招き、着陸料の更なる減少で神戸空港存続の危機をもたらしかねない。

(6) 神戸開発行政の破綻

神戸市は、新都市整備事業会計（企業会計）を中心に、起債で開発事業を行い、土地売却により一定の利益を上げてきた（ポートアイランド1期）。しかし1972年着工した六甲アイランドでは11・3haが未売却、1987年着工したポートアイランド2期では128haが未売却で再借換が発生、神戸空港島等が加わり、同会計は借換残が1834億円に達する（表4）。なお、2014年度同会計は借換以外の起債は見当たらない。土地が不良在庫と化している。ちなみに、同会計所有の未処分土地面積は471・9ha（2012年度）にものぼっている。

（高田富三）

表4　新都市整備事業会計の借換（リスケ）発生推移

単位：億円

年度	2010	2011	2012	2013	2014(予)	合計
ポートアイランド2期		108	132	129	154	523
空港島	200	200	200	200	200	1,000
西神南		160	85	39	27	311
合計	200	468	417	368	381	1,834
借換残高累計	200	668	1,085	1,453	1,834	1,834

5 復興した神戸港は今

大震災で神戸港は壊滅状態となった。２３９の岸壁は機能が完全にまひ。35のコンテナバースは全滅。53基のガントリークレーンは使用不可能となった。１１６キロにも及ぶ水際線をもつ神戸港の湾岸施設は壊滅し、被害額は約１兆円にも上った。巨費を投入した復旧作業がハイピッチで進められ、１９９７年４月、施設は完全復旧した。しかし、〝施設復旧すれど港勢は復旧せず〟の状態が続いている。コンテナ取扱量で見ると、１９８０年にはヨーロッパ大陸のロッテルダム、アメリカ大陸のニューヨークに続く世界第３位のコンテナ港であった。しかし今では取扱量世界順位は第52位となっている（２０１２年）。その原因について、日本銀行神戸支店は次のように分析している。

①日本の製造業が海外生産へシフトするなかで、アジア域内の水平分業を深化させたこと。
②荷主のニーズが中国へシフトを強める中で、物流ルートの大幅な見直しが起きたこと。
③日本の地方港湾の整備が進む中で、国内競争や海外港湾との連携が活発化したこと。

事実、主要企業の生産機能の県外・海外シフトが続いた。近年でも、三菱重工業神戸造船所が商船建造から撤退し、原子炉格納容器や圧力容器・蒸気発生器が主力の原子力機器製作所に転換した。造船撤退以前にも橋梁やボイラーの生産を県外事業所に移していた。神戸製鋼所も高炉の停止に踏み切った。

(1) 様変わりしている神戸港

今、神戸港は大きく変貌している。主要な岸壁は鉄条網のフェンスで覆われ、市民に親しまれる港から市民が近寄りがたい港に姿を変えた。2004年7月、ソーラス条約の改正があり、テロ対策が強化されたためである。ソーラス条約とは、イギリスの豪華客船タイタニック号の海難事故を契機に海難事故から人命を救助する目的で1914年に締結された条約である。この条約が2004年に改正され、とくに米国向け船舶が出入する岸壁のガードが厳しくなった。市民が近づけないだけではなく、船内で働く労働者も身分を示すカードを提示しなければ出入りができず、港のいたるところに監視カメラが設置されている。2003年には米国バイオテロ法が施行され、米国向け食料輸出にあたっては、最終加工地・輸送、梱包、蔵置管理、すべての施設を前もって米国食品医薬局（FDA）に登録しなければならなくなった。もし違反すると米国での通関は拒否されるだけでなく、刑事や民事事件として訴追の対象にもされる。

(2) 輸入チェック体制

食品の輸入量は年間3340万トン。今、交渉が進められているTPPに加盟すると、輸入食材は今の1・5倍、年間5000万トン程度が予想される。輸入食品の検査率は2011年の実績では、行政検査と呼ばれる食品衛生監視員が行う国の検査は2・8%。民間の検査機関による検査8・6%と合わせても11%強である。全国で399人（神戸港39人）の検査体制ではこれが限度。TPPに加盟して輸入量が1・

5倍、5000万トンになれば検査率は大幅に下がることが予想される。安倍内閣の岩盤規制論では検査体制の強化は考えにくいことである。食品の安全検査だけではなくて、動植物の検疫対策も対応が難しくなる恐れがあり、さらにTPPに加盟すると48時間以内の通関が義務づけられる。現在、一般貨物の通関所要時間は62時間余り、動植物検疫や食品検査対象の法令該当貨物は92時間余りかかっている。税関は48時間以内とするため予備審査制度と特別輸入申告制度（AEO）で時間を短縮するとしている。予備審査と

世界のコンテナ取扱量ランキング

	1980年	1985年	1990年	1995年	2000年	2005年	2010年	2012年（速報）
1	NY	ロッテルダム	シンガポール	香港	香港	シンガポール	上海	上海
2	ロッテルダム	NY/NJ	香港	シンガポール	シンガポール	香港	シンガポール	シンガポール
3	**神戸**	香港	ロッテルダム	高雄	釜山	上海	香港	香港
4	香港	高雄	高雄	ロッテルダム	高雄	深圳	深圳	深圳
5	高雄	**神戸**	**神戸**	釜山	ロッテルダム	釜山	釜山	釜山
6	シンガポール	シンガポール	釜山	ハンブルク	上海	高雄	寧波	寧波
7	サンフアン	**横浜**	ロサンゼルス	**横浜**	ロサンゼルス	ロッテルダム	広州	広州
8	ハンブルク	アントワープ	ハンブルク	ロサンゼルス	ロングビーチ	ハンブルク	青島	青島
9	オークランド	ロングビーチ	NY/NJ	ロングビーチ	ハンブルク	ドバイ	ドバイ	ドバイ
10	シアトル	ハンブルク	基隆	アントワープ	アントワープ	ロサンゼルス	ロッテルダム	天津
11	アントワープ	基隆	**横浜**	NY/NJ	深圳	ロングビーチ	天津	ロッテルダム
12	**横浜**	釜山	ロングビーチ	**東京**	ポートクラン	アントワープ	高雄	ポートクラン
13	ブレーメルハーヘン	ロサンゼルス	**東京**	基隆	ドバイ	青島	ポートクラン	高雄
14	ボルチモア	**東京**	アントワープ	ドバイ	NY/NJ	ポートクラン	アントワープ	ハンブルク
15	基隆	ブレーメルハーヘン	フェリクストウ	フェリクストウ	**東京**	寧波	ハンブルク	アントワープ
16	釜山	サンフアン	サンフアン	マニラ	フェリクストウ	天津	ロサンゼルス	ロサンゼルス
17	ロサンゼルス	オークランド	ブレーメルハーヘン	サンフアン	ブレーメルハーヘン	NY/NJ	タンジュンペラパス	大連
18	**東京**	シアトル	シアトル	オークランド	ジオイアタウロ	広州	ロングビーチ	タンジュンペラパス
19	ジェダ	フェリクストウ	オークランド	上海	タンジュンペラック	タンジュンペラパス	厦門	厦門
20	メルボルン	ボルチモア	マニラ	ブレーメルハーヘン	**横浜**	**東京**	NY/NJ	タンジュンプリオク
	38 **大阪**	34 **大阪**	24 **名古屋**	22 **名古屋**	22 **神戸**	27 **横浜**	25 **東京**	24 NY/NJ
	45 **名古屋**	35 **名古屋**	38 **大阪**	23 **神戸**	28 **名古屋**	34 **名古屋**	36 **横浜**	28 **東京**
				26 **大阪**	36 **大阪**	39 **神戸**	47 **神戸**	43 **横浜**
						41 **大阪**	48 **名古屋**	50 **名古屋**
							56 **大阪**	52 **神戸**
								57 **大阪**

（出所）CONTAINERISATION INTERNATIONAL YEARBOOK, CONTAINERISATION INTERNATIONAL TOP100 CONTAINER PORTS 2012, CONTAINERISATION INTERNATIONAL TOP100 CONTAINER PORTS 2013

は、貨物が日本に到着する前にあらかじめ予備的に税関の審査を済ませておく制度である。ＡＥＯとは、セキュリティ管理と法令順守の体制が整備されていると税関が認定した貿易関連業者に対して、迅速、簡易な通関手続きが適用される制度で、ＡＥＯ認定業者の申告の場合は、現物確認検査を省略し、書類審査だけで通関できる仕組みになっている。米国では輸入コンテナ貨物は、テロ対策のため１００％検査対象となっている。

(3) 今後の神戸港

国内産業を保護し、国民生活を守るためには、港のチェック機能は十分機能しなければならない。とりわけ、昨今海外から持ち込まれる感染症の広がりや頻発する輸入食品の汚染などの要因は、食材の海外依存率の高さと合わせて港のチェック機能の形骸化にある。

神戸港も例外ではなく、検数、検定業務、動植物検疫（農林水産省）、食品の安全検査と検疫（厚生労働省）、通関と関税の確保（財務省、税関）などの分野への増員と体制の強化が必要である。もう１つは、神戸港と地方港との役割を明確にして住み分けすることである。また、海上輸送の見直しも必要である。地震列島日本の国土にこれ以上高速道路や鉄道輸送網を建設するには無理があり、国内輸送の海上利用の方向を具体化していくことが大切である。神戸港も国際コンテナ港としての機能とともに国内輸送港としても大きな役割を果たしていくことを検討する必要がある。

（柳澤　尚）

6 「災害孤独死」とはなにか

阪神・淡路大震災では、応急仮設住宅の解消までに約5年を要した。その間に、計233人の「孤独死」が確認されている。東日本大震災では、発災からおよそ3年後の2014年4月末時点で112人を数えるが（岩手、宮城、福島の3県）、ここにはいわゆる「みなし仮設住宅」での件数は含まれない（河北新報2014年6月27日）。建設型の仮設住宅入居戸数4万9000戸に対し、みなし仮設住宅入居戸数が8万戸であることを考えれば（いずれも2012年3月時点）、東日本での「孤独死」は、すでに阪神・淡路を上回っている可能性は高い。

もっともこの2つの災害のあいだに、我が国の高齢化率は14・6％から23・3％へ、単身世帯率は22・6％から25・2％へ推移しており、「孤独死」のリスク保持層自体が膨れ上がっているとの見方はできるだろう。こうした背景を踏まえ、被災地の「孤独死」に関する検討は、しばしば「これは何も被災地に限った問題ではない」といった言及を伴う。だがはたして被災地における「孤独死」と一般地域での「孤独死」、あるいは仮設住宅や災害復興公営住宅での「孤独死」と民間の住宅での「孤独死」は、同列に扱い得る問題だろうか。おそらくそうではない。少なくとも阪神・淡路大震災の仮設住宅や復興住宅で発生した「孤独死」は、「災害孤独死」と言うべき固有性を持っている。

なぜなら第1に、被災地の「孤独死」は明らかに復興過程との連動性がある。たとえば、仮設住宅における「孤独死」の発生件数は徐々に減少するが、入居者数当たりの発生率は上昇する（図1）。このことは、いわば仮設住宅団地に「取り残された」人々の「孤独死」リスクの高さを示している。さらに復興住宅での「孤独死」は、仮設住宅でのそれに比べ、発見までの経過時間が圧倒的に長い。その状況は年々悪化する傾向にあり、次第に発見されにくい「孤独死」が増加してきた（図2）。

またその背景には、仮設住宅／復興住宅の計画・設計・入居システムの問題がある。神戸市では仮設住宅の約半数が被災地から離れた郊外や臨海部に供給された。遠隔地への移転は近隣関係の維持を困難にした。復興住宅の中心は大規模・高層であり、そのような従前居住の状況から著しく乖離した住戸への入居は、新たな近隣関係の形成を阻害した。居住階と発見までの経過時間のあいだには関連がある。とりわけ未婚・無就業層ほどその傾向は顕著である。発見の遅さは「孤独死」者の生前における社会的接点の少なさを意味している。すなわち、災害復興過程における公的な住宅セーフティネットへの依存が社会的接点を奪い、より深刻な孤立とその果ての「孤独死」を生み出してきた可能性が高い。

第2に、「孤独死」者の属性に明らかな違いが

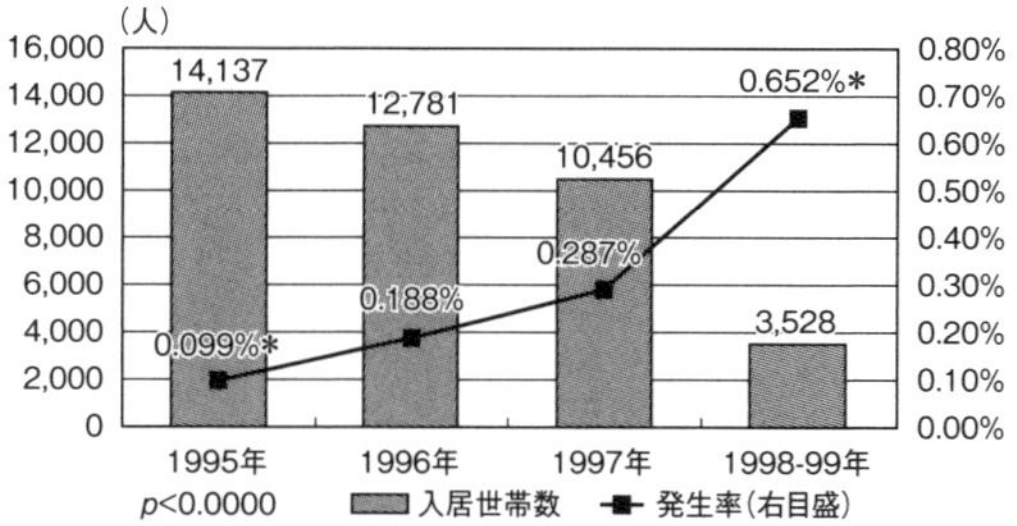

図1　孤独死の発生率（仮設住宅）

（出所）田中正人他（2010）

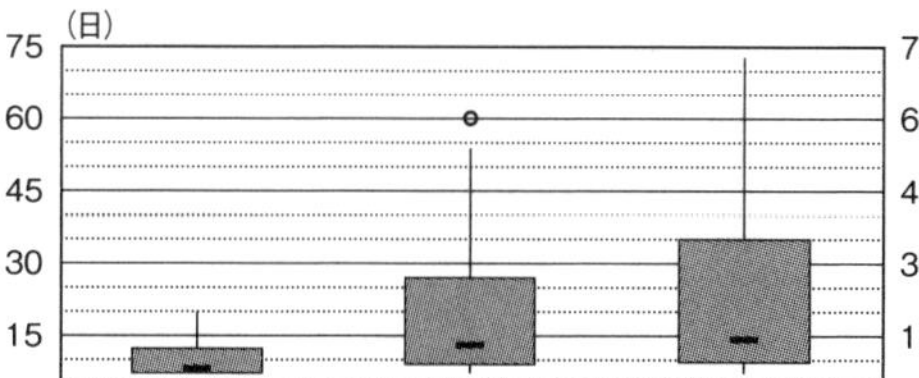

図2　発見までの経過時間の推移（復興住宅）

（出所）田中正人他（2009）

ある。すなわち被災地の「孤独死」は高齢者問題ではない。とりわけ、復興住宅においては、失業・無就業や未婚、アルコール依存といった孤立のリスクを抱えた50代以下の若年層が中心を占める。無就業、未婚、アルコール依存はそれぞれ社会参加機会、親族形成、心身の健康の面でリスクをもつ。「孤独死」者の約4割はこのうち少なくとも2つのリスクを抱えており、いずれのリスクももたないのは1割にすぎない。つまり被災地の「孤独死」問題は、高齢というカテゴリーではなく、リスク保持層のそれとして捉える必要がある。

第3に、死因に対する捉え方、端的には自死（自殺）の扱いに関するずれがある。「孤独死」の定義において、UR都市機構の統計などでは「自殺又は他殺を除く」とされている。しかし、応急仮設住宅での数多くの臨床経験を踏まえた額田（1999）は、「孤独死」を「低所得で、慢性疾患に罹病して、完全に社会的に孤立した人間が、劣悪な住居もしくは周辺で、病死および自死に至る時」と定義し、さらに病死に関してもそれを「緩慢な自殺」と表現する。つまりここでは、病死と自死の区別はきわめて曖昧であり、地続きであると言ってよい。

以上3点にみる「災害孤独死」の特徴は、その抑止の方策についても固有性を求めている。「孤独死」の防止と言えば、ほとんど反射的に「高齢者の見守り」が想起される傾向がある。しかしながら被災地で孤立した人々の多くは、災害以前から孤立していたわけではなく、したがって、もともと見守りを必要とする境遇にあったのではない。仮設住宅に導入された交流支援施設「ふれあいセンター」は、希薄化したコミュニティを回復する制度として、たしかに重要な役割を果たしてきた。しかしながら、本来の課題は孤立を防止し、見守りのニーズを抑制することにある。だとすれば、「高齢者の見守り」という施策は、アプローチの対策と手段の双方において正鵠を射ていない。

災害によって家族や親しい友人を失い、失業によって社会参加機会を失った被災者に対し、住宅・居住地の移動に伴う激しい環境移行がもたらされたとき、彼らの孤立リスクは不可逆的に肥大する。一切の社会的承認から隔てられた境遇は、時にアルコール依存とセルフ・ネグレクトを同時に引き寄せる。彼はまだ亡くなってはいない。だがその生存を知る人はいない。そのような境遇を起点とし、生物学的な死に至るプロセスが「災害孤独死」である。

災害を生き延びた被災者が、復興過程で不遇な死を遂げたケースは決して少なくない。災害と孤立のあいだには、被災者自身に帰責し得ない外的要因の存在がある。だがその外的要因、すなわち災害と孤立、その果ての「孤独死」をつなぐ論理は、まだ十分に鮮明とは言えない。今後の南海トラフ巨大地震や首都直下地震に対し、我々がどのような復興プロセス、住宅セーフティネットを準備しておくべきかという問いを解くためには、その論理をクリアにすることが決定的に重要であると思われる。

（田中正人）

【参考文献】

・田中正人他：災害復興公営住宅における「孤独死」の発生実態と居住環境特性の関係、阪神・淡路大震災の事例を通して、日本建築学会計画系論文集74（642）、pp.1813-1820、2009-08
・田中正人他：応急仮設住宅における「孤独死」の発生実態とその背景、阪神・淡路大震災の事例を通して、日本建築学会計画系論文集75（654）、pp.1815-1823、2010-08
・田中正人他：被災市街地の住宅セイフティネットにおける「孤独死」の発生実態とその背景、阪神・淡路大震災の事例を通して、地域安全学会論文集15、pp.437-444、2011-11
・額田勲：孤独死、被災地神戸で考える人間の復興、岩波書店、1999

7 震災障害者を生きる

(1) 被災・救出・入院

深夜のテレビで自分の死亡が報じられ、直後に救出の映像が流れた。ガレキで身動きできず、立膝とコタツ板に頭が挟まれ頭を上げるとコンクリートに当たる。顔面は毛布に覆われ息ができない。万が一まだ役目があれば助かるかもと耐えた。18時間後、田辺市のレスキューに救出され、東神戸病院のICUに入院。血気胸、急性腎不全、急性心不全、重傷者移送で19日午前2時半尼崎市の杭瀬に運ばれ、午後5時40分西淀区千船でICUに入った。血圧は60を切りチアノーゼ、危ないと人工透析。クラッシュ症候群と診断され、3か月急性心不全に集中した治療となる。4月、甲南病院で痛みの治療、腰から足先までのまひ。絶対歩いてやると〝頑張り杖〟をもらい退院。仮設住宅に入れず大阪へ。苦闘の始まりだった。10年後、田辺市のレスキュー隊にお礼に行ってから、ようやく自分の復興へと向かう。

震災10年の年「10年もたってまだ地震の話か」と言われ、無事だった人との復興のレベルの違いを知った。2006年1月、神戸大学岩崎信彦教授（当時）の「震災で障害をおった方と家族の集い」を知り、3回の参加で資料が手に入る。テレビ取材で牧秀一氏（よろず相談室理事長）の訪問を受け、「今まで忘れられていた。同じ立場の者がお茶を飲みながら気楽に話し合える場がほしい」とお願いし翌年3月実現し、現在も続く。当事者と家族、支援者、マスコミの参加を得る。

牧秀一氏はフォローアップ委員会で忘れられた存在と指摘。自らもMBSラジオ「特集1179」で今からでも調査し把握を」と要望した。2009年1月16日、毎日新聞が震災障害者33名のアンケートを特集し実態を報じた。「自然災害は原因者負担がなく十分な補償もない」と神戸大学室崎益輝教授（当時）、「行政に専用相談窓口が必要」と牧氏は指摘した。2009年11月19日、神戸市は「震災障害者、183名」と発表した。行政が初めて「震災障害者」を認めた。市長が年末の記者会見で「震災でケガをおった方々に理解があったかと問われると今まではなかった」と発言し、2010年1月17日、震災障害者と市長の懇談が実現し「今は理解があると思うので他で大災害が起きる前にこのことを国に伝えて」と要望した。

(2) 国会で質疑

2010年1月の参院予算委員会で辻泰弘議員が「震災でケガを負った方、心の傷を負った方が多数に上る。調査もできていなく国の支援を願う」と要望された。「国として何ができるのか考えたい」と中井洽防災担当大臣は答弁した。内閣府で検討費が計上された。同年3月29日「参議院・災害対策特別委員会」で西田実仁議員の質問となる。西田議員は2009年11月末、毎日新聞神戸支局において私とKさんから2時間要望を聞き取りした。要望は次の6項目に整理された。

①人と防災未来センターに震災障害者の展示物がない、②身体障害の申請書の原因欄に「震災」の項目の設置を、③専用の相談窓口が必要、④震災障害者の特殊性に理解を、⑤震災障害見舞金の緩和、支給額の引き上げ、⑥世界共通の問題、海外各地にどう生かすか。

中井防災担当大臣、細川律夫厚生労働副大臣の2人が答弁した。

①について中井大臣はセンターを視察した。②について細川副大臣は、障害者自立支援法に基づき障害の種類を問わず支援、心のケアは地域精神保健医療のガイドラインで対応、項目の特定は受け付ける自治体の負担を考え慎重にと答弁し難色を示す。④の震災障害者の特殊性の理解がないと根本が共有されないとの問いには、地域精神保健ガイドラインで当該事態に対応するとした。⑤阪神・淡路の震災障害見舞金は68人が受給、58人が却下された。身体障害一級相当の要件が厳しい。支給額も犯罪障害見舞金は最高3947万円、災害障害見舞金は最高257万円と大きく違う、要件緩和と支給額を引き上げについて、中井大臣は「身体障害、心の傷を負った方々について本当に遅れている。どうお手伝いできるか関係各庁に申し入れ相談したい。自然災害で被害にあった方々に対応できる知恵がないか研究したい」とした。⑥について四川大地震、ハイチ大地震でも障害を負った方は多数いる。世界の被災地の問題、国際貢献の1つと問い、防災担当大臣は蓄積した知見を世界のためどう使えるか考える、とした。

神戸市、兵庫県は「震災」「天災」の原因欄を全国で初めてつけ加えた。また県知事の判断で特別に「震災障害者相談窓口」を設置した。兵庫県、神戸市は災害障害者を最低328人と発表したが、実態調査や施策の展開に進展は見えてこない。328人に入らず自分の無念さつらさを訴える一方、他所の被災地を心配する声も多い。

⑶ 四川大地震　ハイチ大地震

四川で授業中被災し、1400名が死亡した学校で救出され、片足切断の団志秀(17歳)さん、ハイチの自宅で生埋めとなり救出され、片足切断のガエル・エズナール(18歳)さんの2人の高校生が、悩みを語る交流をした。団さんは「国では障害者を残廃者と呼ぶ。私はいらない人間ではない」と、ガエルさんは「地震が怖くて家から出ない、学校は休んでいる」と話した。交流の場で体験を聞き、両名は笑顔で帰国した。言語・人種は「心」には関係ない。

(4) 東日本大震災

阪神・淡路とは異なるが大津波で、必ず障害を残す人たちが忘れ去られると思われた。東日本での震災障害者とはまだ対面できていないが、宮城県庁で「兵庫県まちづくり実践リーダーとの懇談会」が2013年2月19日開催され、宮城県復興企画部、震災復興推進課24人の参加があり、兵庫県と神戸市の福祉課、牧理事長と当事者2名と家族3人で参加、当事者の話と、県と市は現状の報告、宮城県は復興の進捗状況を説明した。2014年6月、宮城県で「震災障害者に関する勉強会」が行われ、牧理事長と当事者3人、神戸市障害福祉課長も同行、神戸の現況について説明、県と市の項目設定を話した。震災障害者の特殊性の理解が得られないと、ある医師の言葉を伝えた。「家がつぶれ体もつぶれ医院もつぶれた、これだけ続くと心も折れるわな、何も悪いことしていないのに」と。自宅でクラッシュ症候群となり長期入院、開業していた小児科も廃業した。

やっと認識が一部の人に伝わり7月再び宮城県庁自治会館で今後について打ち合わせした。今後の進捗に期待し宮城県での項目の設置と、予想される首都直下、東南海地震の対応を国も考えてほしい。

（岡田一男）

8 震災アスベスト——潜伏する復興災害

(1) 被害の現状

阪神・淡路大震災のアスベスト災害は始まったばかりである。労災認定（一部再審査を含む）によって被害が表面化したケースは少なくとも5件確認されている。それらはすべてアスベストの特異性疾患である中皮腫を発症したものである。また、その職種は解体作業者、廃材の片付け等の清掃作業者、解体工事の現場監督者、ガレキ収集の自治体職員など、復旧作業に関わるさまざまな領域に及んでいる。

現在確認されているケースは震災アスベストによる被害としては最も初期の段階のものである。アスベスト疾患は曝露後10年から数十年を経て発症するとされているが、とくに20～40年後に発症が増大する。これから次々と被害者が増えてくるのは間違いない。

当時の被災地は異常事態であり、復旧現場は最悪の労働環境にあった。人命救助と都市機能の回復が優先される中で、将来のアスベスト被害を顧慮したマスクの着用や防護シート・散水による粉じん飛散防止などを行う余裕はなかった（そもそも散水については水道管の破損によって不可能なところが多かった）。政府、兵庫県、神戸市は、震災から2週間後の1月31日に解体に係る粉じんの飛散防止対策の徹底を発表し、散水やシートでのカバー、アスベストの事前除去や適正処理などを通知している。その後も、政府・自治体は解体・撤去に関わるアスベスト被害の防止のための文書を出していくが、実際の現場はそれらを遵守できる状況にはなかった。しかも、それらの文書が対象としたのは主として吹き付けアスベストのみであり、より一般に普及していた石綿スレートや石綿瓦などは対策の範囲外であった。これらの成形材は外見からアスベストが含有されているか否かを判別することができないため、仮にこれらを対策の中に盛り込むとすれば、すべての被災建築物やガレキを対象とせざるを得なくなったであろう。事前のアスベスト把握がない中では、このような包括的なアスベスト対策が求められるのは不可避な状況にあった。

これらのことは、当時の被災地ではアスベスト曝露が常態化していたことを示している。5件の労災ケースは決して特別なものではなく、被害リスクはほとんどの復旧作業従事者等に及んでいる。

(2) 潜伏する膨大な被害

さらに、この5件の労災以外にも、当時震災現場で復旧作業に携わった多くの労働者等がすでにアスベスト関連疾患を発症していてもおかしくはない。第1に、中皮腫の診断の難しさがある。非特異性疾患である肺がんについては、それが震災復旧作業と結びつけられずに一般的に処理されている可能性がある。アスベスト疾患専門の医師によれば、単なるX線写真等の読影だけでは中皮腫や石綿肺がんを判断するのは容易ではなく、患者の職業歴などの聞き取りが疾病の発見において重要であるとされている。震災復旧にまでさかのぼって中皮腫等の原因を突き止めることは、医療現場で広く行われているわけではない。

第2に、たとえ復旧作業が中皮腫や石綿肺がん発症の原因である可能性が見出されたとしても、それを確定することは困難をきわめる。アスベストはあらゆる建築物や製品に用いられてきたことから、いつ、どこで曝露したアスベストによって中皮腫が引き起こされたのかを証明することは不可能に近い。

第3に、石綿肺がんの労災認定はハードルが高い。たとえば、2013年度（速報値）におけるアスベスト被害の労災認定状況をみれば、中皮腫が535件であるのに対して、肺がんは396件となっている。アスベストは、中皮腫に対して肺がんはその1~2倍程度の発症を引き起こすとされていることから、現在の労災制度では肺がんを過少にしか認められていない。

第4に、当時全国から集まったボランティアや一般住民のなかの被害はほとんど不明である。最近中皮腫で亡くなった作家の藤本義一氏も震災ボランティアに取り組んでいたことから、そこでのアスベスト曝露が死亡原因になった可能性が指摘されている。さらに、労働関係法令上は「労働者」と認められていない建設業の一人親方なども、労災制度から漏れ落ちている。彼らが復旧作業によってアスベスト関連疾患を発症すれば石綿健康被害救済制度によって救済措置を受けることができるが、それが肺がんである場合には労災制度以上に認定が難しい。2013年度の実績でみれば、石綿健康被害救済制度による認定は中皮腫が652件であるのに対して肺がんは155件にしかすぎない。

このように、復旧作業による労災認定以外のアスベスト疾患についても、今後急増してくるのは間違いない。被害の全体状況をつかむことは重要であるが、そもそも震災によるアスベスト被害は予防も被害把握も救済も非常に困難であることが認識されなければならない。

(3) 急がれる震災アスベスト対策

阪神・淡路大震災におけるアスベスト被害の教訓は、大地震が多く発生する日本では平時からの建築物のアスベスト除去が重要であるという点である。それに先立ち、各自治体では建設時期、構造、大きさなどのデータに基づいて、アスベストが使用されている可能性が高い建築物をあらかじめ把握しておき、震災時の復旧作業におけるアスベスト被害のリスクの低減につなげる準備も必要であろう。建築物の中にはこれまでに使用されたアスベストの半分近くがいまだに残存していると推測されているからである。とくに、近年最もアスベストの飛散や発見の事例が多い公共施設については、現在全国の自治体で進められている「公共施設等総合管理計画」の策定と同時に、アスベストの飛散防止や除去に関する方針も立てられるべきである。政府もそのための財源を助成措置の中に盛り込むべきである。

ガレキ収集の自治体職員（明石市）が中皮腫を発症したことは、震災時においてはアスベストの廃棄問題を重大視すべきことを示している。この職員がガレキ収集を行ったのは木造住宅が多かった明石市内であり、鉄骨建造物が多い神戸市などと比べれば、飛散粉じんの中に含まれるアスベストの量は相対的に低かったと推察される。明石市では、当時従事した労働者250人中15人（6％）にアスベスト曝露の症状を確認している。神戸市などの都心部での廃棄物処理などに携わった労働者においては、アスベストの被害リスクはさらに大きいと考えてよい。しかも、アスベスト廃棄物の埋め立てもその後の飛散防止を保証するものではない。EUでは、アスベスト廃棄物の埋め立ては一時的な解決手段にすぎず、将来世代への課題転嫁であるとして、大気中への再飛散を防止するためには不活性化プラント処理が必要であるとしている。

現在、建築物の耐震化や老朽化への対策をはじめ、防災・減災と迅速な復旧復興へ向けた公共事業等が全国で進められている。しかし、そこではアスベスト問題に対する措置は看過されている。アスベスト災害から国民を守るためには、アスベスト問題を正面に据えた震災対策を再構築しなければならない。

（森　裕之）

9 災害援護資金制度――借り入れた人々のその後

(1) 阪神・淡路大震災と被災者

阪神・淡路大震災は、死者6432人、家屋の全壊(焼)半壊(焼)、一部損壊など約25万棟の戦後最大の大災害となり、国の内外から約1800億円の義援金が寄せられたがあまりにも被災者が多く、被災者には最大でも約40万円前後の見舞金支給にとどまった。

家を奪われ、仕事を奪われ、職場を奪われ、暮らしを破壊された被災者は、金策に追われたが、低所得者・年金生活者、高齢者などに貸付する一般金融機関はなく、災害援護資金制度のみが借入可能な制度で、多くの被災者が最後にすがったのが災害援護資金貸付制度であった。

(2) 災害援護資金貸付制度とは

災害援護資金は、災害弔慰金の支給に関する法律第4章の災害救助法と政令で定める災害に適用され、政令で定める収入以下の被災者(世帯主)に貸し付けられる制度である。貸付額は最高350万円、利息は3%、所得は世帯に属するもの1人の場合は220万円(2人以上の場合は増額)以下の世帯に貸し付けられるもので、連帯保証人が必要であった。据置期間が原則3年、特殊な場合は5年間、返済は猶予期間を含めて10年で、返済方法は原則半年賦(年2回)償還となっていた。

一定の収入基準以下の世帯主に貸し付けるもので、利息が3％、延滞利息は10・75％、連帯保証人が必要で、返済免除は本人死亡と重度障害者のみ、償還方法は原則年2回の半年賦などが法律で定められているが、連帯保証人を必要とし、高い利息と延滞利息など被災者の実態に合わない問題がある。

災害援護資金制度は、返済は350万円借りた場合に最終的には利息を加えると総額379万5200円の返済になり、年2回返済の場合には1回に37万9520円となり、国は年12回の月払いを認めたが、これでも月々6万3253円強の返済となり、当時の状況では無収入あるいは低所得の被災者が返済できる金額ではなかった。

災害援護資金の貸付けが始まった時から、当時の被災者の状況から考えて、到底、返済できるものではないと考えていた。

阪神・淡路大震災救援・復興兵庫県民会議（復興県民会議）は、兵庫県震災復興研究センター（震災研究センター）と共同で、復興にあたって5項目の提言を発表し、その中で生活支援金として1世帯に350万円を支給するよう提起したが、これは災害援護資金350万円を貸付けではなく、支給すべきとするものであった。

(3) 被災者の活用状況

低所得者のさしあたっての生活資金として、兵庫県全体で5万6422人が約1308億円（1人平均232万円）を借り受けた。

当時の混乱した状況の中で、連帯保証人は悪く言えば誰でもよく、お互いに連帯保証人になったり、同じ境遇の避難所の中で頼まれたら嫌と言えずに連帯保証人になったりしたために、あとから大きな問題になった。元々、低所得者を対象にした貸し付けであり、返済能力があるとは思えず返済は危惧される問題であった。

災害援護資金の返済は、返済猶予期間が5年間延長され、返済期間も延長を繰り返し20年となった。

神戸市の災害援護資金借受人数は3万1622人、金額で776億9220万円であったが、19年が経過した2014年3月末時点では、未償還は6482人（20・4％）、金額で103億6256万3508円（13・3％）となっている。

この間の借り受け本人死亡は3205人、破産2141人、行方不明213人、連帯保証人による返済は1345人、返済猶予者447人など厳しい返済状況が続いている。

連帯保証人問題は深刻で、あの混乱時に頼まれて保証人になったが借り受けた本人が行方不明になり、連帯保証人に請求されているケース、親が連帯保証人で死亡し、息子さんが返済を求められているケース、あるいは自己破産したが連帯保証人に迷惑はかけられないと、自己破産した借り受け人が月々、連帯保証人に返済金を持っていき、連帯保証人がそれを返済するなど、大震災から20年、いろいろと複雑な問題が出ている。

(4) 災害援護資金返済をめぐる運動

貸付当時から返済問題は大変危惧された問題であり、復興県民会議は、神戸市を中心に返済条件の緩和、返済免除を求めて要請と交渉をかさね、厚生省（当時）や国会にも何回も足を運び、返済条件の緩和などを求めた。

２００１年の春から返済が始まったが、その前に復興県民会議は借り受け人と一緒に、「少額償還申請書」を作成し、希望する返済金額を書き込み、神戸市役所に集団で提出した。

返済が始まる直前になって国（厚生省）は特例として、借り受け人の生活実態に即した返済金額の設定を認め、借り受け人が返済金額を申請できることになった。被災者の苦悩を少し和らげることができた。

復興県民会議は、構成団体の兵庫県商工団体連合会、兵庫県保険医協会、日本共産党神戸市会議員団など多くの団体・個人の協力で、２００１年3月から２００３年3月まで、毎月１回「災害援護資金返済問題相談会」を開き、借り受け人にアドバイスを行い、また、申請窓口に同道し借り受け人の返済金額設定に協力したが、現在も月々１０００円からの返済が続いている。

(5) 東日本大震災被災者の災害援護資金制度

阪神・淡路大震災における借り受け人の苦闘と運動の積み重ねが影響し、東日本大震災被災者への災害援護資金制度では大きく改善された。

連帯保証人を付ければ利息はゼロに、連帯保証人がない場合でも利息は１・５％になり、返済期間後から10年経過し、資産のない場合には返済が免除になった。

この返済免除は阪神・淡路大震災の借り受け人にも適用されることになったが、「無資力」の人に限定されている。線引きをするのではなく、すべての借り受け人の返済免除を求めて運動を進めているが、基本的には災害援護資金は貸し付けではなく給付にすべきであると考える。

（岩田伸彦）

10　被災患者・医療機関の復興

(1) 被災患者の窓口負担免除措置

阪神・淡路大震災（大震災）では、兵庫県内医療機関も甚大な被害を被った。大規模災害では、多くの医療機関も機能不全に陥るなか短期間にきわめて多くの被災者の傷病に対処しなければならない。医療提供体制の確保と損耗からの回復を図るとともに、被災者の健康被害を最小限にとどめるため、必要な措置をとり、住民の医療アクセスを容易にする必要がある。

医療費窓口一部負担金の免除制度は、大震災の際には、被災指定地域居住者で、①住家の全半壊または全半焼した被災者、②主たる生計維持者が死亡または重篤な傷病をおった人、③それらに準ずる者、は一部負担金と入院時食事療養費の免除が地震発生日から適用されることになった。国保の免除対象要件には、これに加え、④被災地の世帯主で業務を廃止または休止したもの、⑤失職し収入がないもの、が付加された。この免除制度は、社会保険（健保組合、旧政府管掌健康保険等）が震災4か月後の95年5月31日（市民税非課税者等は同12月31日まで、入院時食事療養費の標準負担額は96年5月31日まで減額）、国保（国民健康保険）は95年12月末で打ち切られた。大震災により、震災関連死や、健康悪化が広がり、仮設住宅入居後間もなく、生活再建のめどもたたないなかでの免除制度打ち切りにより、治療中断を余儀なくされた被災患者は少なくない。２０１１年の東日本大震災後にも同様の措置はとられたが、阪神・淡路大震災の時と同様、同年12年末で打ち切られたため、被災者の受診率が経済的負担の増加から顕著に下がるという傾向が、岩手県保険医協会などの調査で明らかになっている。被災者の生活を再建し健康回復をはかるために、より長期にわたる免除措置が望まれる。

(2) 民間医療機関への支援

被災地では医師・歯科医師と家族、医療スタッフ、自宅・診療／入院施設もまた、震災による被害を受け、民間医療機関も機能まひにおちいる。しかし、医療関係者は可能な応急処置、医療活動、死体検案、避難所での医療活動などに忙殺される。救急患者とともに、慢性疾患患者の診療継続、避難所の衛生・環境の改善、医療支援体制強化、高齢・病弱者の避難先の緊急確保、仮設住宅での医療確保に全力を注いだ。

兵庫県保険医協会は全国保険医団体連合会（保団連）等の支援を受け、直ちに被災医療機関の医師の安否確認、お見舞と激励、被害の調査と支援に奔走。また、「被災者の医療費一部負担免除」、保険医療機関への「診療報酬概算払い」の実施、被災したすべての民間医療機関再建に対する医療施設近代化施設整備事業の適用を求めて井出正一厚生大臣に要請した。政府は公的医療機関の全額公費復旧に続いて、民間医療機関への支援を決め、2次救急輪番病院の復旧と、補助金制度である「医療施設近代化施設整備事業」の特例措置を設け、被災医療機関を対象とした。

しかし、2次救急輪番病院への補助は「救急部門」の復旧にしか適用されず、「近代化整備事業」は歯科医療機関を除外し、休日当番出務実績、ビル内診療所・一人医療法人など医療施設の所有者名義不一致を条件に選別し、すべての被災医療機関を救済しえないきわめて不十分なものであった。ビル診療所や一人法人医療機関を除外したことは、大都市災害の特徴や、民間医療機関が現に担っている医療の公共性・公益性を無視するものであった。だが、限られた条件とはいえ、民間病院・診療所230施設、総額94億円（診療所で最高1000万円、病院には平均2億5000万円以上）の公費による直接支援が実現されたことは、一部損壊をも含む病院・診療所の再建に少なからず役立ち、地域の医療提供体制の回復に大いに資するものとなった。

この経験を踏まえ、東日本大震災の際にもまた「医療施設等災害復旧補助金（医療施設近代化施設整備事業の後継。公立・公的医療機関、救急医療や在宅当番医など政策医療を担う一部民間機関が対象）」が活用されたが、この際には阪神で除外されていた歯科医療機関も、保団連の申し入れ等の運動により、国にその対象とさせた。保団連からの要望等を受け、さらに国は、宮城・岩手・福島の3県に交付された「地域医療再生臨時特別交付金」（各県120億円）を民間医療機関の復興のために使用できるよう通知し、宮城県・福島県は災害復旧補助金の対象とならない民間医療機関むけの公的補助制度をそれぞれ創設して、その財源に特別交付金をあてるなど、医療提供体制の復旧という点では、一定の前進をみた。

(3) 医療機関の診療報酬概算請求など

経営上の心配なく災害医療を実践するために、発災直後の被災医療機関の診療報酬概算請求は不可欠である。阪神・淡路大震災の際、実施されたのは、①全半壊、全半焼等によりカルテ等を焼失した医療機関の場合大震災前の1月1日から1月16日まで、②さらに大震災当日1月17日以降もひき続き診療を行った全半壊医療機関と、「災害指定地域の保険医療機関で地震発生後における診療行為について十分に把握困難である場合」も、1か月を通して概算請求できるという制度であった。これは、公的医療保険制度を非常時にあっても機能させ、カルテ等を散逸しながら患者の治療に全力をあげていた医療機関を経済面から救済し、患者の医療アクセスを可能にした。東日本大震災の際にも同様の措置がとられ、さらに、福祉医療機構による「医療貸付事業」では、震災復旧用に特別措置をとらせた。5年間の無利子期間を創設するとともに、利率の引き下げも実現。このほか、患者の定数超過入院や医師・看護師等の診療報酬上の人員基準の特例など、非常時に見合って医療提供システムを機能させる施策を要求し、認めさせた。

(4) 生活再建へ、公的支援を求める運動

被災地には20年を経てなお、家族を失い心に深い傷をおった者、廃業・破産した小規模自営業者、県外避難者、多重ローンに苦しむ者が少なくない。20年を期限とした借上公営住宅からの追い出しに怯える被災者もいるが、当時、村山富市内閣は「私有財産制度のもとでは個人補償はできない」とする被災者切捨ての態度をとり、公的支援はわずかな義援金と復興基金による被災者自立支援金以外何もなかった。「自立自助」を押し付ける冷酷な態度を変えない政府にたいし、兵庫県保険医協会は、国会前座り込み行動をはじめ30次にわたる政府・国会行動、100万署名、3・20兵庫県大集会などに取り組んだ。また、医療団体として浜岡政好佛教大学教授指導の下、兵庫県社会保障推進協議会や「仮設ネットワーク」と協力して、96年1月から4回にわたる仮設住宅・復興住宅入居者の健康・生活実態調査を行い、アルコール依存症や孤独死、鬱などの健康被害を明らかにして、公的支援の強化・拡充を提言し、その後の「被災者生活再建支援法」の成立にむけた運動に取り組んだのであった。

（武村義人）

11 生活再建か「創造的復興」か

(1) 市民団体との連携、著名人アピール運動から「被災者生活再建支援法」の成立

被災者の生活再建に背を向ける政府の冷たい施策に対し、「せめて雲仙・奥尻の半額支援を」「住専支援よりも被災者救え」を合言葉に、公的支援を求めるアピール運動を二度にわたり兵庫県保険医協会が呼びかけた。96年1月、合志至誠保険医協会理事長は、瀬尾攝兵庫県医師会長と協議。県医師会、コープこうべ、地元NGO救援連絡会の3代表が発起人となり、県下各界有識者48人の協力を得て、「被災者の生命と人権の危機を憂慮し、『生活、営業、住宅の再建に公的支援の拡充を』訴える」というアピールを発表した。事務局を県医師会に置くとともに県内外に賛同を呼びかけ、国会議員の過半数の賛同を得て、特別立法を土井たか子衆院議長に要請した。首都圏でも「『126氏アピール』を支持する中央アピール推進連絡会」が結成され、震災の翌年から公的援助を求める「生活再建援助法案」の立法化を提唱してきた小田実氏たちの運動ともあいまって公的支援が政治の中心課題となり、97年の国会には超党派の国会議員39人により参議院に法案が提出された。世論と運動に押され、98年の国会に自民党は新たに全半壊の被災者に50~100万円を支給する「被災者生活再建支援法案」を提出、成立した。金額面など、不十分とはいえ「個人補償はしない」とする政府に公的支援を認めさせた意義は大きかった。

99年には、「災害被災者支援と災害対策改善をめざす全国連絡会」(全国災対連)が結成され、合志至誠

名誉理事長が代表委員を務めた。この団体は「126氏アピール連絡会」が基盤となった。全国災対連の目的は、①災害被災者の生活再建と住民本位の復興をめざす支援、②被災者生活再建支援法の改善、③災害・防災問題に関する運動・情報の交流、である。全国災対連は、この目的に沿って、三宅島噴火、中越地震はじめ東日本大震災などその後発生した各種の激甚災害にあたって、被災地・被災者への支援や「被災者生活再建支援法」見直し運動をすすめ、2004年と07年に行われた二度の法改正の際には、所得制限や使途制限を緩和させるなど数々の改善をみている。

また、国連社会権規約委員会の日本政府報告に対する審査にあたって、2001年8月には大震災被災者への「人権軽視の救援施策」の是正を求めるため、保険医協会は合志至誠名誉理事長を団長として復興県民会議から要請団を送った。その結果、国連委員会は日本政府と兵庫県に対し被災者への公的支援強化を求める画期的勧告を行った。その後も、保険医協会は、住民の命と暮らしを支える立場から、復興の問題点や教訓、自然災害への備えを問う粘り強い活動を続けている。

(2) 災害復興を利用した「創造的復興」論

他方、生活再建支援への態度とは裏腹に、大震災後、「創造的復興」策の一環として、ポートアイランドでは医療産業都市構想が立ち上げられた。高度医療技術の研究・開発拠点を整備し、医療関連産業の集積を図ることで地域経済の活性化、市民福祉の向上をめざすと謳われている。東日本大震災後も、同様に「東北メディカル・メガバンク機構」が、「未来型医療を築いて

参院内閣委員会で「健康・医療戦略法案」につき意見陳述（2014.5.15）

東日本大震災被災地の復興に取り組む」として進められている。国は２０１４年6月に成立した「健康・医療戦略推進法」でこの種の取り組みを推進する方向であるが、これらのプロジェクトの共通点は、被災地・被災者の健康保障や医療の充実とは関係が薄いばかりか、むしろ限られた地域医療資源を産業育成政策に奪われてしまうことで、地域の患者に犠牲を強いることが懸念されることである。

たとえば、ポートアイランドでは、高度医療技術の開発拠点として03年に先端医療センター病院（ＩＢＲＩ）が、13年には神戸低侵襲がん医療センターが開放され、14年には神戸国際メディカルフロンティアセンター（ＫＩＦＭＥＣ）が１２０床で開設される。加えて、神戸市立医療センター中央市民病院は11年に新築移転され、15年には兵庫県立こども病院も高度医療拠点の隣接地に新築移転される。予想される南海・東南海地震では津波被害の危険があり、市街地からもいっそう遠のき、ベッド数も２００床減る神戸中央市民病院移転に対しては、１万３０００筆余の反対署名運動がおこったにもかかわらず、この計画は強行された。話題のｉＰＳ細胞を使った眼科疾患の臨床研究では、中央市民病院の眼科が術中・術後の緊急時対応を行うとされており、建築費３８２億円のみならず、毎年50億円という市民病院運営費が、地域医療の犠牲のもと、医療産業開発に利用されるという実態がある。また、ＫＩＦＭＥＣでは外国人向けの生体肝移植などを医療ツーリズムで受け入れようとするあまり、医療資源が外国の患者に優先的に振り向けられることになりかねない。実際、先端医療センターで04年に起きた先進的心臓カテーテル術の事故が09年まで隠蔽された事例まで発生している。「創造的復興」の名の下に経済成長を医療分野での研究開発の目的に持ち込めば、ビジネスベースの研究開発を急ぐあまり、地域医療インフラの復興・整備、ならびに貢献はおろか、かえって地域住民の安全・安心がおびやかされる事態も懸念される。

(3) 大震災20年、支援法見直しなどの今後の課題

大震災から20年を経過し、「被災者生活再建支援法」と同等の特例措置を阪神・淡路の被災者に遡及適用して全面救済することが、高齢化に伴いいよいよ必要になっている。保険医協会は創立以来、国民医療の充実・向上、患者のいのちと医療を守ることを柱に地域住民とともに運動を進めてきた。私たちは、「支援法」のいっそうの改善とともに、災害救助法など旧来の諸制度についても整合性ある改善を求める。災害援護資金の返済免除、借上公営住宅での20年を超えた居住継続、復興公営住宅の家賃減免や高齢被災者の見守り支援、自営業者やまちづくりへの支援の強化を求める。また、被災者生活再建支援法の「半壊・一部損壊」「住宅兼店舗」への適用対象拡大、災害規模の適用要件（県内全壊100世帯、市町全壊10世帯以上）の緩和・廃止、支援限度額の500万円への引き上げ、等を求める。

阪神・淡路大震災の時も、東日本大震災の際も、保団連などとともに、医療者の安否確認をはじめ民間病院、医院の再建と医療機能の回復へ公的助成の拡充、診療報酬の概算払い、避難所での医療活動、被災者の医療費一部負担金の免除などを、兵庫県保険医協会は国と自治体に要求した。被災者のいのちと医療を守るために、医師会・歯科医師会をはじめ、医療団体、労働組合、市民団体、各界の有識者と広く共同して、アピール運動や救援・復興県民会議のみなさんと公的支援の拡充に努力し、会員、患者の苦難に対し先頭に立って情勢を切り開いてきた。数十年にわたる低医療費政策で医師・看護師数、医療費や社会保障費が抑制され続け、社会保障が脆弱なままにおかれている現状では、激甚災害はより深刻な影響を市民生活に及ぼす。いざという時の支えとしての雇用や住宅を含む社会保障の充実こそが、被災者・国民への最大の公的支援であり、安心・安全への備えであると考えている。

（武村義人）

12　復興公営住宅入居者と地域とのつながり

(1) 大震災は人々のくらしに、根底から揺さぶりをかけた

１９９５年1月17日（火曜日）午前5時46分ころ、淡路島の北部を震源とするマグニチュード7・2の阪神・淡路大地震が発生した。幸いなことに東海道新幹線の1番列車が、東向きにも西向きにも新神戸駅から発車する前のことであった。しかし地下の岩盤に発したマグニチュード7・2の地震波は、活断層に沿って神戸、芦屋、西宮などの市街地へ到達して全域を直撃した。

日本列島のほぼ中央部に位置する兵庫県は、北は日本海、南は瀬戸内海に面して比較的大きな面積を有しており人口は５００万人。しかし港湾に限らず重化学工業、商業、流通などほとんどの産業部門をはじめ鉄道も高速道路も南部に立地し、大まかに言うと、人口の90％以上が、諸産業の担い手として、瀬戸内海に面する諸都市に居住していたのであった。

わずか10秒余りの激震で繁華街の高層ビルが倒れ、高速自動車道路の高架や新幹線の高架橋が落ち、その周辺では古い木造の戸建て住宅も数多く倒壊した。下町の住宅や古くからあった商店街や小工場なども、整備されないまま地震で潰れた。そして関西特有のいわゆる「文化住宅」もたくさん潰れた。昔からの長屋建てに比べて、耐火木造あるいは同じ木造でも少しモダンな文化住宅は、１９６０年前後から都市部の人口急増の過程で、農地をつぶして建設されたものが多く、家賃の安さで庶民に珍重がられた。年金暮ら

しのお年寄りや学生だけでなく、収入がそれほど多くない勤労者家族が、肩を寄せ合って生活していたのであった。

(2) 復興公営住宅の建設が本格化したのは1997年の後半からであった。

ところで1995年7月17日に住宅復興3か年計画は発表されたが、建設用地が決まらず、4万313戸の復興公営住宅が完成するまでには、震災から4年半もかかった。

その上、高齢者世帯、なかでも高齢の1人暮らしの入居者にとっては、扉を閉めるとお隣さんとも没交渉になってしまう高層の団地暮らしはなかなか馴染みにくい。孤独死や引きこもり、アルコール依存症が増えたとしても不思議ではない。とくに大規模団地への入居がすすむとともに、新たな生活環境の下でのさまざまな生活問題が目につくようになった。

そこで注目されたのが、1987年からすでに建設省（当時）と厚生省（当時）が共同して検討を始めていたシルバーハウスの建設である。その建設実績に基づいて、建設省・厚生省の通達が出たのを受けて、兵庫県が1998年度に、県内74団地の復興公営住宅で、3905戸の高齢者世話付住宅（シルバーハウジング）を建設したのである。

(3) シルバーハウジングの仕組みと限界

その仕組みは、生活援助員（LSA）をおおむね30戸に1人の基準で派遣して、日曜・祭日を除いて毎日、9時～5時で生活指導・相談・安否確認などのサービスを提供することで、入居高齢者が自立して安全・快適に在宅生活を営めるよう支援するのである。補助基準額―生活援助員、1人当たり年額205万5000円とある。神戸市の他、芦屋市、尼崎市、西宮市、伊丹市、宝塚市、川西市など14自治体が受け入れた。芦屋市だけが、ケア付き仮設住宅の経験を活かして、現在まで24時間ケアの体制を維持している。そして1998年以後、受け入れ自治体の多くが、生活援助やLSA業務などについて、定期的に、研究会を開いて事業の在り方などについて検討している。

しかしシルバーハウジングでのLSAの役割は、限られた人数で、復興公営住宅のコミュニティづくりを含む多くの課題を抱えており、勤務はかなり厳しい。

また西宮市の場合、大震災後、復興公営住宅の受け入れとともに、大規模集合住宅の開発による若年層の増加で、人口が急速に回復・増大して2008年4月には中核市に移行した。現在の高齢化率は21%である。しかし市内の全公営住宅78か所の入居者2万5438人のうち、65歳以上の入居者の占める割合は50%に近い。公営住宅での業務は、高齢者問題以外にも課題が山積している。

(4) 今世紀になって、高齢者をとりまく社会的条件が急速に悪くなったのは、なぜ

時代は少しさかのぼるが、高齢者問題について、我が国が真正面に向き合うようになったのは1950年代の後半、経済が戦前水準に達してからであった。1958年の国民健康保険法の改正や1959年の国民年金法の制定によって、それまで未加入であった農民や中小企業従事者などを含むすべての国民が、何らかの医療保険や年金保険に、加入する体制になってからである。

そして1963年には老人福祉法が制定され、新たな老人福祉施設として養護老人ホーム、特別養護老

人ホーム、軽費老人ホームが建設され、介護を必要とする生活困窮者には措置の制度が設けられた。ところが１９５０年代後半から60年代を通して、未曾有の高度経済成長を遂げた我が国も、その勢いは１９７３年の第１次石油ショックまでであった。アメリカも大きな影響を受けた。そして金とドルの交換停止に追い込まれて、貿易の決済は変動相場制に移行した。しかしドルは国際通貨であることを利用して積極的な投資行動によって、世界中の国々を「新自由主義」の嵐に巻き込んだ。

経過は異なるが我が国も例外ではなかった。政府はそれまでの経済成長路線から社会保障・社会福祉充実への政策転換を示す象徴として、１９７３年に老人医療費無料化を打ち出した。しかしアメリカの対日圧力が強まる中、国家財政の健全化を求めることこそが低成長下での王道として、１９８２年に「老人保健法」を成立させて、老人医療費無料化を中止した。

「老人保健法」は、社会保障・社会福祉領域での制度改革の先駆けになったのである。

それから30年余。高齢化がいっそう進む中で１９９７年12月に介護保険法、２００６年６月には後期高齢者医療制度が成立した。介護保険を例にとると、05年、12年、14年と制度改定のたびに利用内容が厳しくなった。何故だろうか。「グローバル競争主義」に走る現政権は、日本経済の成長戦略として、医療や介護の領域も、資本の新しい活動分野として取り込みはじめたのである。

阪神・淡路大震災から20年。高齢者の老後生活を懸念する取り組みも広がり始めた。筆者の手元に最近届いた「第７回　食と手当と看取りの会」という小さな研修会（開催地、大阪）の記録によると、意見発表者は「栄養士、看護師、介護士、施設長、少ないながらも理事長、事務長もいる。遠くは北海道、鹿児島からの参加者もいる」と記されている（「園田苑だより」９６８号）。

（金持伸子）

13 「週末ボランティア」の20年——仮設住宅から復興公営住宅へ

今も、震災当日の激しい地面からの突き上げと、崩壊した2階家の天井、火だるまになった民家とそれを取り巻くバケツを持った人々の姿を想い出さずにいられない。

あれから20年、「週末ボランティア」は被災地の人とともにあった。

昨年600回の訪問を迎えたボランティアの活動は、参加ボランティアは延べ約1万6800名、訪問した家庭延べ約3万4800戸、現場でなければわからない未知数と意外性に満ち満ちたものであった。

訪問先は実に多様である。東日本大震災の被災者で、引っ越してきた人も数人いた。1938（昭和13）年の阪神大水害に見舞われ、戦争でひどい目にあった人や、子どもの時分に広島に住んでいて、原爆の光線を自分の目で見て、ひどい広島の市街地を見たという人も数人いた。

訪問も20年にもなると、被災者の中にも変化が出てくる。いくら訪問しても留守だった人の家の戸が、ようや

震災の訪問相談600回

神戸の市民グループ「週末ボランティア」

平成7年1月の阪神大震災以降、震災復興住宅を訪れ、被災したお年寄りの悩みなどを聞く活動に取り組んでいる神戸市の市民グループ「週末ボランティア」が24日、同市中央区のHAT神戸の復興住宅を訪問した。同グループの訪問活動は今回で600回目。これを記念してメンバーらは、この日の活動終了後、同区の市勤労会館で記念集会を開き、復興住宅の課題などについて話し合った。

復興住宅のお年寄り（右）を訪れ、悩み事などを聞く週末ボランティアのメンバーら＝神戸市中央区

同グループは、震災直後に発足し、当初は炊き出しなどを行っていた。7年6月から、週末に仮設住宅を訪問し、お年寄りから被災体験や世間話、悩み事などを聞く活動に取り組んだ。仮設住宅が減るとともに訪問対象を復興住宅に移し、活動を展開。これまで、仮設住宅や復興住宅3万4400戸を訪れた。

この日、メンバーら8人が、HAT神戸の復興住宅20戸をめぐり、「どこで被災されましたか」「住み心地はどうですか」などと声を掛け、お年寄りから悩み事などを聞いた。

復興住宅の訪問後に行われた「600回記念集会」には、以前同グループに参加したメンバーや支援者らが駆けつけた。これまでの活動を振り返ったほか、今後の活動などについて意見を交わした。同グループ代表、東條健司さん(74)は「これまでの経験を生かして、災害に備え、根強い活動ができる週末ボランティアにしたい」と話していた。

「産経新聞」(2014年6月18日付)

く開きはじめる。私たちの訪問は1軒ずつ全戸を回り、留守の家にも留守シートなるものを入れて、時候の挨拶などを書き入れて私たちの足跡がわかるようにしてある。

神戸市中央区の「脇の浜住宅」は約3年ぶりの訪問になるが、初めて会った人が半数以上に上る。なかには「あなたが本物の東條さんですか!」と言ってくれて、感激の握手を交わす場面もあった。

私たちは訪問して面会を拒否されたら、「1人でもこの人は生きていける。よかった」と思うようにし、話を聞かせてもらったら、「ああこの人は話したかったんだな。聞けてよかった」と思うようにしている。

どの人にとって小さな親切で大きなお世話なのか、訪ねてみないとわからない。たまたまトイレに行って、訪問時に出られなかった人もいる。訪問の成否は、タイミングや相手の機嫌に大きく左右される。

ボランティアに参加する人たちの中にも、いろいろな人たちがいる。中学を卒業して1人で参加した男の子や、奈良の「命の電話」の女性もいた。松尾久美子さんは、電車の中で、佐治さんからたまたま「ボランティアに行きませんか」と声をかけられ、「東日本にですか」と訪ねたら、「阪神・淡路のです」と答えられ、「えっ、まだやってんの」とびっくりしてついていった。

川鶴澄子さんは、傾聴ボランティア活動というのは、相手の話すことをただただ聞いておくのがよいのか、地域に持って帰るほうがよいのか、考慮中である。

佐治和枝さんは、社会から取り残された人たちに、自分の胸の内を言葉にして、相手の悲しみや苦しさを少しでもそらす。それが、このボランティアの課題だと思っている。「主人が亡くなっても出なかった涙が、今になって出るのも、心の鎧を脱がせてくださったあなたたちのおかげなのね」と泣きながら、お年を召した女性がすがりついてくださることもあった。

伊勢崎晴夫さんは、最近気が付くのは、震災を受けた方が高齢化してきて、いろいろと体の不調が出て来ていることだという。

久重まどかさんも、忘れないで関心をもっていることが大切だと思っている。嫁が女川出身で、実家の家も流された。千羽鶴ぐらいだったら折れるので、少しずつ折りながら被災地に思いを馳せ、関心を持ち続けたいと願っている。

中林ちゑ子さんは、1人暮らしの高齢者は1年に一度だけ来るチンドン屋が嬉しいのだと言う。本当に寂しく暮らしている。自分自身も高齢で老々訪問になっているが、老々なりに聴ける言葉がある。老々なりに咀嚼できる言葉がある。老々でも涙してくれることがある。それを若い人につなげたいけれど、若いボランティアは少ない。それでも続けることが大切だと思う。

相川美和子さんは、宝塚出身で東北大学に通って、東日本の復興ボランティアをやっている男子学生と知り合った。彼は自分が生まれた年に阪神・淡路大震災が起き、復興と災害教育の真っ盛りの中で小・中・高を関西で過ごした。今東北を生活の場にしているので、ここで学んできたことを生かして何かボランティアはできないか、と参加しているとのこと。この学生のように、次の被災地で活動している人たちのためにも、ホームグラウンドであるこの神戸で、ボランティアを続けている団体があることは、1つの後方支援的な存在であり、続けていく意義があると感じている。

中山茂さんは、借上公営住宅に住んでいる女性に出会った。20年契約の終了時期がもう数年後に迫っている。85歳以上だとそのまま住み続けられるが、入居20年で84歳9か月だと出て行かなければならない。彼女の苦悩を吸い上げられたのは、この週末ボランティアの意義で、聞き出せる人がいなければ、葬り去

週末ボランティア傾聴・訪問600回の集い＝2014年5月24日、神戸市勤労会館

られる問題だ。

中尾健二さんは、義父が90歳になるまで、週末ボランティアに参加していた。妻がこのボランティアに寄付をしており、妻が亡くなったのでその後を継いで寄付を続けていたら、今回自分宛てに案内が来たので参加してみた。今1人暮らしをしており、体調とたたかいながら、自分の体と時間が許せる範囲で、また来て活動したいという。

どうして辞めないのかと、言われることがある。しかし、自分で辞めたいと思ったことは一度もない。「自己満足」とか「売名行為だ」「はた迷惑だ」と言われることがあるけれど、自己満足でやるのが正しいと思っている。20軒に訪問予告のビラを入れた後の充実感がある。これを辞めたら、もう誰も後を継がないだろう。止めたら希望がない。今年は20年となるが、話はどんどん濃くなっている。

私たちのような、どこかから決められたことをやるように言いつけられてやる部隊と違って、自分の判断だけでやるものは、いつになっても楽しければ続けられるだろう。週末ボランティアはそういった人々の集まりなのだ。そして話したい人がいる限り、この訪問は続けてゆけるだろう。

東北の震災では、これからがその時期だろうと思う。

（東條健司）

【参考】『それでも未来（まえ）へ』（この「週末ボランティア」の活動を書きとめ分析したもの）（相川美和子、出版文化社　報光社　2013年6月発行）

14 被災マンション復興過程の現実

(1) 分譲マンションの被害と震災直後の状況

東京カンテイの調べによると、阪神・淡路大震災で損壊した兵庫県下の分譲マンション2532棟（大破83、中破108、小破353、軽微1988）のうち、建て替えは115棟で、補修が2405棟と全体の95％を占め、圧倒的に多かった。しかし、100棟以上もの建て替えが行われたことは驚異的なことであった。

震災から1か月後の神戸で、全国マンション管理組合連合会等の共催で「被災マンション相談会」が開催された。この時全国から集まった相談員らが驚いたことは、建物の相談に匹敵するほどの管理組合運営に関する相談の多さだった。被災マンションでは、管理組合総会を開催して一刻も早く、復旧に着手しなければならない状況であったが、肝心の管理組合自身が、その総会をどのようにして開催し運営するのかがわかっていなかった。いつも管理会社にやってもらっていたので、震災で彼らがまわって来られなくなると、何もわからないという実態が露呈されてしまったのである。これは「神戸市分譲マンション震災対応状況に関する調査」を見ても、復興の過程で問題が生じた原因・理由の2位に組合の運営に不慣れであったという調査結果が報告されており、管理組合の未成熟さが読み取れる。ここに、その後の復興過程において、多くのマンションで発生した社会的弱者に対する寛容性のない苛烈な対応の芽があった。ライフラインを懸命に復旧し、建物の詳細調査を実施し、丁寧に住民の合意を取り付けて復興していったマンションもあったが、建替えか補修かで住民同士が対立し、なかなか工事に着手できないマンションの中には「建替え決議無効訴訟」の裁判にまで発展した事例が4つもあり社会問題となった。

(2) 期限付き「公費解体制度」は、更なる混乱を招いた

解体費用の補助制度の申請期限は、当初、震災の年の10月末までとされていた。このため、建物調査や住民間の十分な話し合いが行われないままに解体の方針だけが先走り、「建替え決議総会」が行われる前から「解体同意書」の取り付けに躍起となる管理組合が見られた。解体に同意しない住民に対して「名前を公表する」「期限を過ぎれば、みんなの住戸の解体費まで払ってくれるのか」などの恫喝もあり、合意形成を阻害していった。震災の翌年の1月には解体期限が1年延長された。

(3) 復興支援策は、住民を混乱させて、実情に合わない建て替え促進だった

補修に対する支援は、利子補給等の微々たるものであったが、建て替えは公費解体、優良建築物等整備事業、総合設計制度、利子補給、コンサルタント派遣事業等と多くの支援策が講じられていた。神戸市分譲マンション復興支援グループやこうべ・すまいまちづくり人材センターは、補修の相談は受け付けず、建物の工学的な知識やマンション管理の知識が乏しいコンサルタントらが、各マンションへ出向き千載一遇のチャンスとばかりに、十分補修可能な建物までも、建て替えへと誘導した。本来なら、住民が適切な判断ができるように、建物の詳細調査やそれに基づく建て替えや補修方法などの公正な情報の提示が必要

であった。また、建て替えるマンションの事業主となった兵庫県住宅供給公社も、芦屋ハイタウンにおいて、建て替えに反対する15戸を強制執行した。このように補修が容易な建物までもが強制的に壊されていったのである。ちなみに、最後の被災マンションとして大きく報道された宝塚第3コーポラス（131戸）では、建て替え後に戻った住民は1戸のみだった。日本マンション学会の「被災建て替えマンションにおける合意形成プロセスに関する研究」によると、建て替えたマンションの平均再入居率は65・4％となっている。

(4) マンションの民主的な管理・運営制度とそれを生かせないマンション

マンションを購入すると、区分所有者らで管理組合を構成し、管理費等を区分所有者から集め、その使い道を総会で討議して運営・管理していく。このように、マンションは直接民主主義に基づいた制度によって、住まいを直接治めることのできる権限と責任を与えられている民主的な1つの地域社会となっている。しかし、復興過程で見られた被災マンションでは、このような民主的な制度を生かすことができず、外部の専門家や行政、業者の誤った情報に翻弄されて迷走していったのである。被災マンションで見られた特徴的な光景は、「あなたはなぜ建替えに賛成するのですか?」と尋ねると、「みんなが賛成するから」と答える。しっかりした自分の意見をもって建替えに賛成するという人は、ごくわずかであった。この「みんなが賛成するから」ということをたどっていくと、最後は神戸市から派遣されてきたコンサルタントがそう言っているから、多数の意見に賛成するというところにたどり着く。この自分たちで考えない、意思決定をしないということが、現在に至るも被災マンションの復興過程を貫く最も大きな問題である。

(5) 西宮市にある香櫨園フラットC棟は2013年10月、全員の同意で建替えを決議

2013年10月、香櫨園フラットは震災から18年が経過していた。長くかかったが、全員が同意して建て替えを決議した。当初、建て替え賛成と反対に意見が分かれたが、これを18年かけて合意形成していった。その要因として、少数意見にも耳を傾けて一人ひとりがしっかり自分で考え、自分の意見を持っていたことが大きい。

わが国のマンション管理制度は、きちんとした手順を踏めば、住む人の権利が尊重される。そして、そうであるがゆえに、一人ひとりが大きな責任も負っているのである。自分たちが決めたことに対する責任を負っていくという1点が、この優れて民主的な制度の根幹にある。

(6) 真の自立が求められているマンション住民

神戸には、他の政令指定都市のような管理組合団体が、震災当時はなかった。こういうマンションを取り巻く社会的な貧困さが、マンション住民が覚醒することができない現実につながっているのではないだろうか。罵声が飛び交う中で建て替えを決議したマンションも既に建て替えてから15年以上経過したものが増えてきている。居住者も高齢化し、建物も適切な修繕が求められる。震災復興過程で問われた区分所有者の自立ということを、本当に成し遂げていくことができるかどうかが、震災から20年を経過した今もなお問われている。私はグランドパレス高羽で「建替え決議無効」の裁判を提訴した1人だ。敗訴しマンションを追われたが、20年たっても神戸の街や暮らしが復興したなどという実感は全くない。

（若原キヌコ）

15 ケミカルシューズ産業は復興したか

(1) 現状と課題

長田地域の活性化を考える場合、地場産業として地域を支えてきたケミカルシューズ産業の動向が重要である。「日本ケミカルシューズ工業組合」(神戸市長田区内、組織率＝6～7割)によると、図表のとおりピーク時(1990年)には、組合員(企業)の国内生産額は865億9000万円に達したが、阪神・淡路大震災(1995年)で大打撃をこうむり、285億1000万円まで落ち込んだ。その後2000年頃には520億円台まで持ちなおしたが、2010年の400億円台まで漸減状態が続き、その後400億円前後を維持している。ピーク時に比べ従業員数も含め落ち込みが大きいことが課題である。

しかし、安価な輸入商品の流入による厳しい環境の下で、国内生産品の差別化をめざす「神戸シューズブランド化事業」などの努力もあり、2013年にはわずかながら国内生産額が増勢に転じている点に注目する必要があろう。

神戸市は、「新長田地区中心市街地活性化基本計画」(2008年7月～2013年3月、神戸市産業振興局経済部商業課担当、以下「基本計画」)の「最終フォローアップに関する報告」(以下「報告」)を2013年6月に発表している。「基本計画」によると、事業を①「ものづくりのまち・長田の再生」、②「賑わいのある商業空間づくり」、③「個性的な集客拠点づくり」に分けてそれぞれ基準値と数値目標を決め、

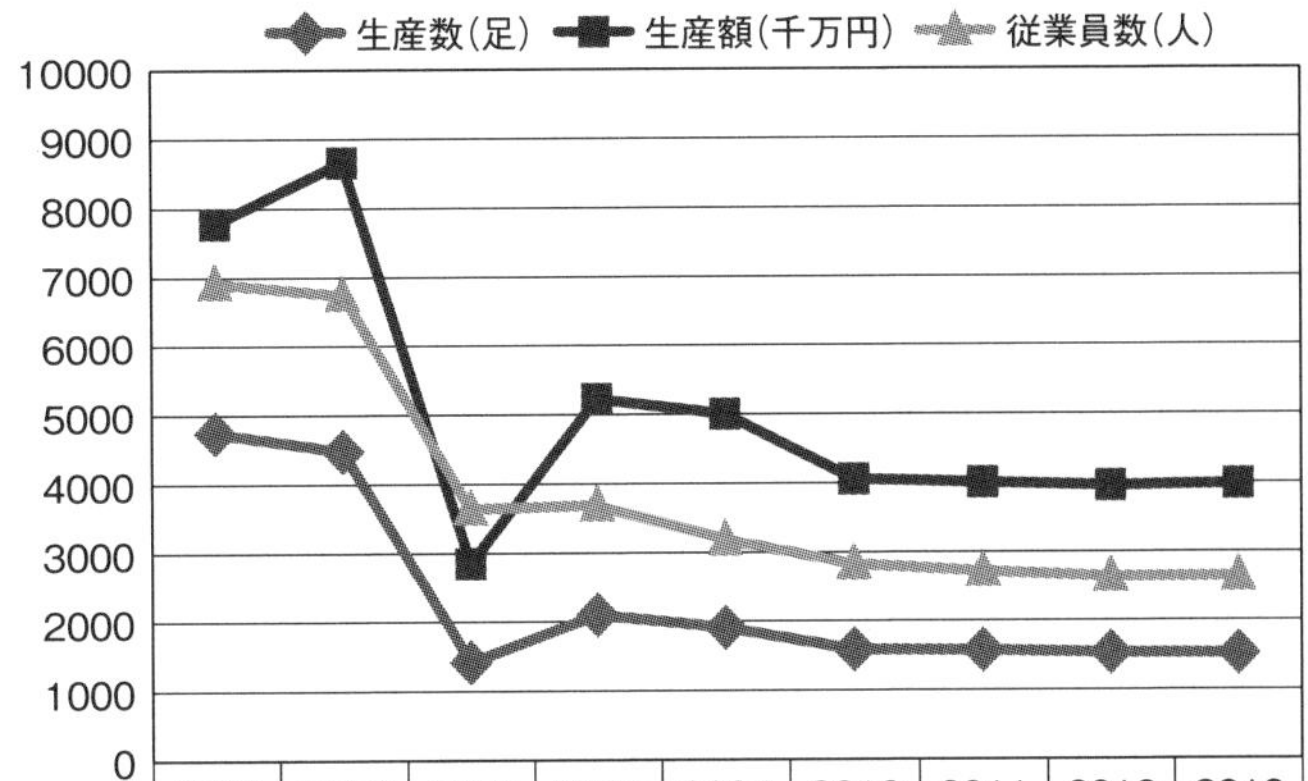

	1985	1990	1995	2000	2005	2010	2011	2012	2013
生産数(万足)	4,740	4,475	1,416	2,096	1,907	1,587	1,573	1,535	1,523
生産額(千万円)	7,777	8,659	2,851	5,223	5,002	4,059	4,007	3,958	3,983
従業員数(人)	6,914	6,739	3,640	3,689	3,185	2,831	2,720	2,640	2,645

図表　ケミカルシューズ工業組合の生産足数、額、従業員数の推移

注：2010年以後は、毎年刻みで表示した。

「報告」では達成状況に応じてＡＢＣ（Ａ：目標達成、Ｂ：目標未達成、Ｃ：目標未達成かつ基準値未到達）の3段階による自己評価をしている。ケミカルシューズは①の「ものづくりのまち・長田の再生」に位置付けられるが、その評価はＡとなっている（ちなみに②はＣ、③はＢ）。「ものづくりのまち・長田の再生」は(1)「シューズプラザ事業」、(2)「情報関連産業集積促進事業」、(3)サブカルチャーの発信基地づくり（「ロボット・ホビー関連レンタル工房づくり」「アニメ産業の誘致」）、(4)再開発エリア内でのテナント誘致、(5)「食のまち」「アジア」をテーマにした店舗誘致（「商店空き店舗活用支援事業」「アジアショップ起業塾」）、からなっており、ケミカルシューズ関連は(1)の「シューズプラザ事業」に限定されている。しかもその中身は、「都市型ものづくり起業センター事業」の一環であって直接ケミカルシューズ産業を支援するものになっていない。そのことが肝心の「年間小売販売額の増加」につながらず、その結果「賑わいのある商業空間づく

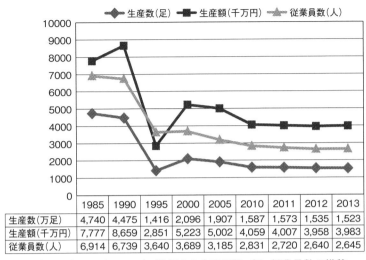

り」の自己評価がC、つまり目標どころか基準値より悪くなっていると思われる。

⑵ 問題提起

「報告」は、全体総括でも「新たな集客拠点の整備を起爆剤とすることによる、『賑わい』の創出を目指してきた」と述べているが、そもそも「基本計画」の現状分析が、地域経済低迷の真の原因を見誤ったのではないか。活性化のためには地域にカネが落ち、地域で循環する内発的再生が必要である。そのためには、①役所内関係部署の連携を強めること、②住民参加を実質的に強化すること、③各分野の専門家による第三者の知恵を借りることから始めなければならない。

①について言えば、役所には各部署に関係する情報と知見が相当蓄積されているが、それらを総合的に活かすノウハウに欠けている。これが阪神・淡路大震災のような大災害の折に「縦割り行政の弊害」として露呈したことは記憶に新しい。

②については「基本計画」でも触れているとおり「人づくり」「人材養成」であるが不十分だと思う。社会教育法にもとづく常設機関（公民館活動）として展開する必要があるのではないか。幸い地元の二葉小学校跡に「神戸市立地域人材支援センター」が設立されている（２０１０年）。タイアップして拠点をつくるべきである。

「報告」では今後も『鉄人28号』を活用したまちづくりに取り組むと述べているが、商業課によると「基本計画」は２０１３年３月で終了し、まちづくりは国道２号線以南の再開発エリアを対象とする「くにづかリボーンプロジェクト」に引き継がれたことになっている。しかしそれとは別に、ケミカルシューズ産業をはじめ地場産業を直接支援するプロジェクトが必要である。その際、地域に資金が落ち循環する「内発的発展論」の視点が必要である。

以下、4項目の提案をしておく。

①役所内関係部署、住民代表（関係団体、地元選出市議、住民有志など）、企業代表（関係企業団体、企業家有志など）および第三者的立場にある関係分野の専門家有志によるプロジェクトチームを公式につくり、地域経済、とくにケミカルシューズ産業の活性化に関する中長期の提言をつくり公表する。

②神戸市はㇵ①の提案を政策化し実現を図る、㋑横の連携を強め行政の総合化をはかる、㋒市民の知る権利を保障し情報公開に努める、㋓財政の民主化をはかる（たとえば、再開発特別会計を事業別明細が明らかになるように改めるなど）、㋔人材育成を社会教育法にもとづく社会教育として位置付け、各区（長田区は再開発エリア内）にその拠点をつくる、㋕長田区への分権と地域産業政策の確立、これを裏付ける予算措置。

③住民は、主権者として自覚的に、まちづくりに参画する。

④専門家は、社会的責任を自覚し、自発的にまちづくりに協力する。

（増田　紘）

【参考文献】
・塩崎賢明、安藤元夫、児玉善郎編『現代都市再開発の検証』（日本経済評論社、2002年）
・宮本憲一、横田茂、中村剛治郎編『地域経済学』（有斐閣ブックス、1990年）

16 神戸港から見た輸入食糧――暮らしを壊すＴＰＰ

日本の食糧自給率は39％（カロリー計算）。61％を海外に依存している。国際的な原産国表示ルールに従えば、私たちの体は国産とは言えず、明らかに外国産。日本の食料自給率はなぜこんなに下がってしまったのか。それは、食べ物の中でも最も大切な穀物を海外に依存しているからである。

(1) 穀物の米国依存

日本は農産物の輸入量は、実質世界一。人口は世界の約１・５％であるが、農産物輸入量は世界の10％を日本が占めている。とりわけ、小麦、大豆、トウモロコシなど主要な穀物を米国に依存し、世界有数の輸入国である。

(2) 小麦自給率12％

小麦は９割近くが輸入に頼っている。米国、カナダ、オーストラリアの３か国からの輸入である。そのうちパンの原料となる強力粉用の小麦は米国頼み。通常、農産物はリーファーコンテナで温度管理されながら輸送される。小麦は大量にしかも、米国のような遠いところから運ばれてくるので、輸送コストを抑えるため、温度管理はされずに常温で運ばれてくる。収穫した小麦をニューオーリンズなどの港に集荷し、パナマ運河を抜け、太平洋を横断して、日本に運ばれてくる。暑いパナマ運河を経由し、湿気の多い海上、太平洋を横断して運ばれてくる。対策をしなければ、虫がわいたり、カビが生えたりする。それを防ぐため、収穫後船積み前に倉の中で殺虫剤がかけられる。無理な長距離輸送に伴うリスクである。

収穫後の農薬散布は、日本では規制されているが、輸入小麦は、学校給食やファーストフードのパンに使用されている。子どもたちの健康にどのような影響を及ぼすかを考えなければならない

(3) トウモロコシは全面的に米国依存

トウモロコシの輸入量は、年間1600万トン。私たちの主食である米の年間消費量810万トンのほぼ倍となっている。うち1200万トンは家畜の飼料用。400万トンが食用に直接使われている。コーンスターチ（トウモロコシ澱粉）に加工され、子どもたちが大好きな清涼飲料水や大人用のビールの味付けなどに使われている。この米国産トウモロコシは、輸入の際に港で検査すると、たびたびカビ毒アフラトキシンが検出される。発がん性がきわめて高いカビ毒である。もちろん、アフラトキシンが確認されると輸入はストップ。

しかし、飼料用のトウモロコシはまず検査の対象にはならない。また、トウモロコシは今食料、飼料用の他にバイオ燃料用として需要が伸びている。生産量を上げるため、連作障害対策として、遺伝子組み換えトウモロコシに切り替えられている。害虫抵抗性（殺虫性）のトウモロコシとは、根きり虫などの害虫が舐めると虫が死んでしまう。トウモロコシそのものが虫を殺す毒素をもっているのである。米国では、この殺虫性トウモロコシが農薬として登録されており、殺虫剤として使用されている。世界各地でさまざまな問題が起こっている。

遺伝子組み換えトウモロコシを与えた豚の繁殖率が落ちた（米国）、遺伝子組み換え綿花畑に放った羊

や山羊が大量死した（インド）などの事例が起きている。

(4) 大豆自給率7％

私たちの食生活に欠かせない大豆の93％までが海外に依存している。そのほとんどが米国産遺伝子組み換え大豆。輸入大豆の90％は油用。食用油を抽出した残りの大豆粕（加工脱脂大豆）は、飼料やしょう油の原料に回される。いずれも「遺伝子組み換え大豆使用」の表示義務の対象から外されている。米国の遺伝子組み換え大豆は、除草剤耐性のものが多くを占めている。特定の農薬（モンサント社のラウンドアップ）に強い耐性をもたせた大豆。すべてを枯らす除草剤を撒いても、この大豆は強い抵抗力をもっているため枯れることはない。日本政府は、「従来の大豆と何ら変わりはない」との見解で安全確認が不十分なまま輸入が認められている。しかしアルゼンチンでは、この除草剤が大量に撒かれた地方で、白血病、皮膚の潰瘍、肝臓がん、出産異常などが発生し、社会問題となっている。

(5) TPPからの撤退と自給率の向上

穀物の外国依存が自給率低下の大きな原因である。政府が取るべき道はTPPに参加して食料を海外に依存することではない。食料自給率の向上に努めることである。それも地域の風土に合った穀物を増産することである。アジアモンスーン地帯に位置する日本の風土に合ったもの、それは、水田からとれるお米である。いろいろな穀物があるが、単位面積当たりの収穫量はお米が最高である。農地1ヘクタール当たりの人口扶養力は、日本9・33人、韓国7・50人、オーストラリア0・11人、カナダ0・66人、米国0・88人、フランス2・50人、英国2・49人、ドイツ4・10人。韓国と日本の農地の人口扶養力がきわめて高いのは、農地の中心が水田であるからだ。さらに、お米は1粒の種モミから1000粒程度の収穫があるが、小麦は精々300粒で、お米は非常に優れた穀物である。TPPに参加すれば、日本の米農家は維持できなくなってしまう。そうなれば、国民の食料は米国の多国籍企業に握られてしまうことになる。

(6) 農業特区・渦中の養父

安倍内閣の成長戦略の柱として、全国で6地域、国家戦略特区に指定された。その1つが兵庫県養父市の農業特区。「日本の農業には岩盤規制がかかっている。その岩盤にドリルで穴を開けるのだ」と、安倍首相発言の具体化としてドリルの刃先が養父の農業に向けられた。農業特区とは、地元農業を守り育てる制度ではなくて、農地の転用の許認可権を農業委員会から市長に移すことによって、企業が自由に農地を使用できるモデル地区をつくる制度である。藤原敏憲養父市会議員は、広瀬栄養父市長の特区構想は愛知県の農業生産法人㈲新鮮組をパートナーとして進められていること。この企業の岡本重明代表取締役は、「農業は株式会社の参入が規制されている。これを変えることが必要だ」「日本農業の諸悪の根源は農協だ。地方では農協と行政が一体であり、これはすべて敵である」と発言していることを市議会の場で明らかにした。既に養父市では、オリックス不動産が野菜工場の稼動を始めた。大屋町で廃校になった小学校の体育館を活用してリーフレタスなどの出荷を始めている。蛍光灯を使った水耕栽培である。農業の本場・養父の地で太陽の光を浴びない、自然の風にも触れない、土の香りが全くしない野菜が生産され出荷されている。自然に触れず育った植物が病気に弱いのは当然である。野菜工場ではその対策はどうしているのか。使われた廃水の処理はどうしているのか。消費者の立場からみても気がかりなことばかり。農業自由化に伴う特区構想とはTPP参加に伴う規制緩和と根っこは同じところにある。

（柳澤　尚）

東日本の復興はこれから。仮設住宅（仙台市内）

II

復興の備え――
阪神・淡路大震災から
東日本大震災へ

1　ボランティアの20年――神戸からの提言

(1) ボランティア元年

阪神・淡路大震災（大震災）後におけるボランティアの活躍が注目され、「ボランティア元年」という表現が生まれた。しかしなぜ20年前、ボランティア元年と言われたのか。日本でボランティアがカタカナで文字として現れたのは、１８９０年代後半とされており、その後関東大震災（１９２３年）にはじまり、北丹後大地震（１９２７年）、伊勢湾台風（１９５９年）など、すでに災害時におけるボランティア活動は新聞紙上にも取り上げられてきた経緯がある。ということはボランティアという言葉だけでは、決して大震災が元年ではない。では、何をもって20年前にボランティア元年と表現したのだろうか。他方、大震災でボランティア活動が評価され、この年「災害対策基本法８条13項」に、『「ボランティアによる防災活動の環境の整備に関する事項」の実施に努める』と災害時におけるボランティア活動に対する支援の必要性が書き込まれた。こうしてボランティアのことが法律に書き込まれたのは日本の歴史上はじめてのことだ。このことからボランティア元年と表現しても不思議ではないとも理解はできる。しかし、本来誰に指示されるわけでもなく、自主性を持って、主体的に活動するのがボランティアだと理解してきた筆者にとっては、はたしてボランティアが法律に書き込まれるというのは、手放しで喜んでよいのかという見方もできる。というのも、憲法89条では、公金の使途について、「公の支配に属しない慈善、教育若しくは博愛の事業に対し、これを支出し、又はその利用に供してはならない」と釘をさしているのは、まさにボランティアに対する正しい倫理ではないか。そしてその後１９９８年に「非営利活動特定推進法」が成立したことを踏まえると、手厚すぎるとも言える。

(2) ボランティアは大活躍

さて２か月間で１００万人のボランティアが大活躍をしたことは、衆知の事実だ。しかも、その１００万人のうち60万人～70万人は「初心者ボランティア」であったこと、またさらにそのうち約40万人は若者であったことも注目されていた。こうして若者を含む「初心者ボランティア」は、目の前の被災者一人ひとりに寄り添い、献身的な活動を展開した。ところが当初神戸市は、ボランティアの受け入れを断った。ボランティアはやむを得ず自主的に、自分で考え、自分で判断し、被災現場に駆けつけた。

ところが、大震災20年を前にして不可解なことが明らかになった。「神戸幻の防災計画」「耐震化・ボランティア提唱」（「毎日新聞」２０１４年７月31日付）という記事が出た。そこには、大震災のわずか４日前に「第４次神戸市基本計画」がまとめられていたとある。すでに大災害を想定してボランティア対応についてもマニュアル化していたようだ。にもかかわらず先述したような対

岩手県陸前高田市で活動する神戸大学のボランティア（2011年）

応しかできなかったのはどういうことだろうか、不可解だ。

(3) ボランティア元年の意義

ノンフィクション作家の柳田邦男氏は、こうした背景のもと被災地に自主的に入っていったボランティアに対して――ボランティア活動が自ら発見し開拓した現代ならではの意味とは、制度化の発達によって硬直化した社会の仕組み（とくに行政の仕組み）の「隙間」を行動によって埋めたり縫合したりしつつ、人々と社会に「新しい価値観」の共有を呼びかけ、社会の仕組みの解体・再構築をはかろうとするところにある。その意味での「ボランティア元年」だったのだ。新しい市民社会の構築の哲学が、そこにはある、と評価している（柳田邦男『想定外の罠　大震災と原発』文藝春秋　２０１１年）。

また故加藤周一氏は「ボランティアが残した財産は何か？と言えば、〝多様性の意義〟だろう」と重要な指摘をした。きっとその「隙間」にこだわる視点には多様性が不可欠だろう。つまり、十人十色のボランティアが十人十色の一人ひとりの被災者に寄り添い、多彩な活動を展開しつつ、被災者との関係を紡ぐことに意味がある。結果的に無意識のうちに初心者ボランティアが築いた「ボランティア元年」の意味はここにあるのだと認識できる。

(4) 「3・11」を踏まえての提言

ところで、３・11から4年を前にして、さまざまな課題の1つに「関連死」が上げられる。関連死の原因は、避難生活によるストレスとなっている。表1に見られるようにそのことは明らかだ。防潮堤の建設や高台移転のための大規模な造成工事の一方で、やっと仮設住宅から災害復興公営住宅への移行が進みだした。この時期には、新たな暮らしの再スタートということで希望に夢を膨らませる被災者がいる一方、住まいは落ち着いたものの、これから先どうなるのかという不安が押し寄せる被災者とに分かれる。公営住宅に移り住んだが、「まるで牢屋に入れられたみたい。とっても淋しい」と訴える被災者もいる。今の時期にこそ、多様なボランティアが被災者に寄り添うことが不可欠だ。多彩な活動を通してボランティアが被災者に寄り添うことで、心のケアの役割も果たす。大震災からの教訓はそれでも「隙間」ができるということだ。その「隙間」に落ち込んだ被災者は1人では脱出できないということなのだ。ここから1人の人間として、前を向いて生きていこうとする意欲をどのようにもってもらうかということが最大の課題だ。そのためには、一人ひとりに寄り添えるボランティアが被災地に行きやすい支援策を提供することを、政府や行政に提案したい。そしてボランティアが被災者との関係を多彩に築いているうちに、被災者がボランティアとなって、支援の側に廻ることを期待したい。ボランティア元年の再現だ。

（村井雅清）

表1　東日本大震災における災害「関連死」の状況

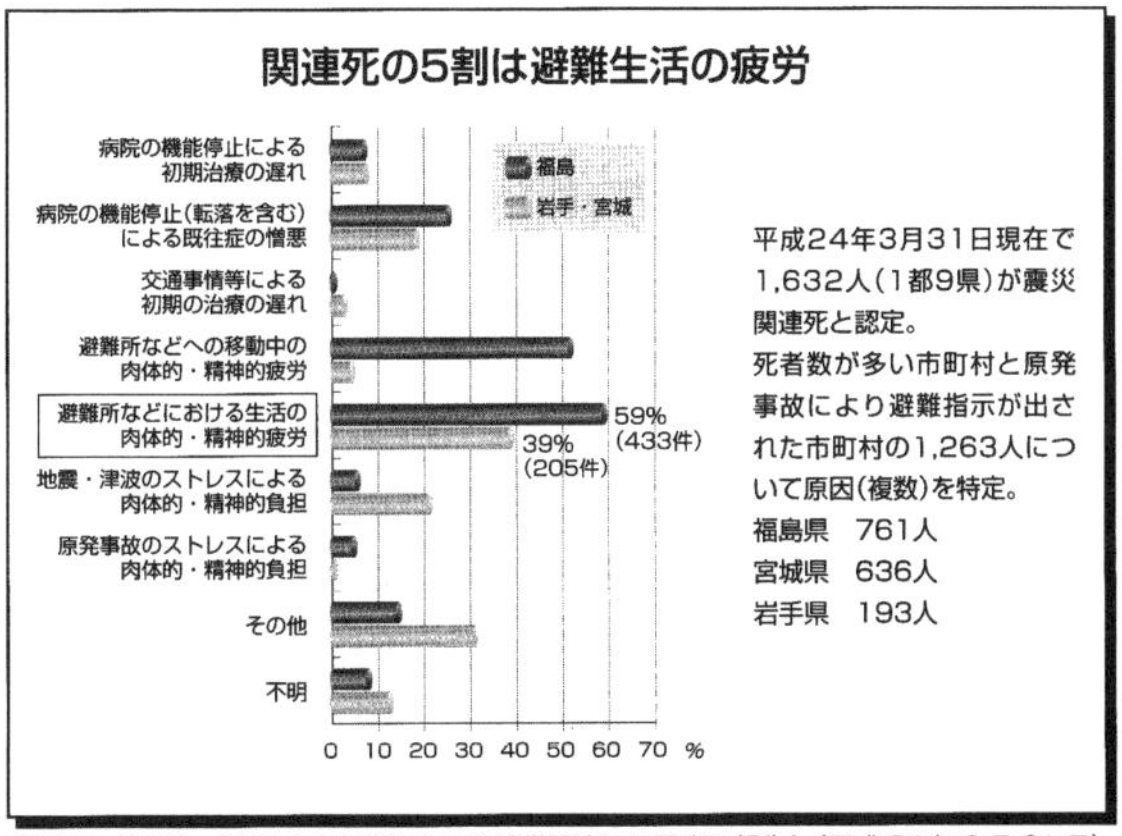

復興庁、2012、『東日本大震災における震災関連死に関する報告』（平成24年8月21日）より作成

『男女共同参画の視点で実践する災害対策～テキスト　災害とジェンダー〈基礎編〉』（2013年発行）から引用

2　中間支援組織——さまざまな支援者、スタンスをつなぐ

(1) 中間支援組織の意義

行政だけですべての災害支援を賄いきれないのは言うまでもない。災害が発生すると、ボランティア、NPO、専門家、企業などさまざまな支援者が駆けつける。それぞれ支援の発想や力点、有する資源は異なるが、個々の違いを認識し、リソースを活用し合うことで、より大きな支援力を発揮できる。これらを有機的につなぐところに中間支援の意義がある。支援が進むにつれ、活動の重複や空白地帯など、ニーズとシーズのミスマッチが生じる。行政ともどう調整するのか、コーディネートする必要性が増していく。

米国では、行政は被災者に共通する支援に重点を置き、少数者が抱える多種多様なニーズには、CBO(Community Based Organization)と呼ばれる地域密着型の支援組織に委ねた方が効果的であるとの考え方がある。1994年のノースリッジ地震では、ENLA(Emergency Network of Los Angeles)という民間の中間支援組織が行政とCBOの間に入り、行政等で解決できない個別のニーズはCBOに、制度で解決できる課題は行政に割り振りをする役割を担った。

また、1999年の台湾大地震では、全盟(全国災後民間重建聯盟)という専門家を中心とする組織が、全国の募金団体、被災地の支援団体、被災者、市民、政府、自治体をつなぐ役割を担った。その活動は、集まった募金の使途の審査、支援団体への寄付、支援団体間の活動の調整、現地支援事務所の設立、政府

への政策提言等多岐にわたった。

(2) 東日本大震災以前のわが国の中間支援組織

2つ事例を紹介する。1つは、阪神・淡路大震災後に兵庫県がつくった「被災者復興支援会議」で、さまざまな復興分野における専門家、市民団体、報道関係者等で構成され、県庁のプロジェクトチームがパートナーとなり運営された。被災者と行政機関の間に立つ第三者機関であるが、被災者に軸足を置き、現場に出向いて被災者の生活実態や要望をつかみ、現行のルールにとらわれない政策提言に努めた。

もう1つは、2004年の新潟県中越地震後の「中越復興市民会議」である。こちらは民設民営で新潟県と連携し、被災集落が一堂に会して学識経験者、行政関係者とも交流する「地域復興交流会議」を開催したり、集落再建プランを発表し合う「地域復興デザイン策定発表会」を企画したりした。集落再生を支援する「地域復興支援員」の指導にもあたった。新潟県がつくった「中越大震災復興基金」を財源に、中間支援組織、行政、被災集落、外部支援者が連携した復興まちづくりが進められた。

(3) 東日本大震災における中間支援組織

ここでも2つの事例を紹介する。1つは、東日本大震災支援全国ネットワーク（JCN）という組織で、災害支援や市民活動に精通した団体が世話役となり、全国各地のNPO、NGO、ボランティアグループ、企業の他、被災当事者団体などが参加している。当初は、災害救援を主目的に、現在は、保健・医療・福祉・教育・まちづくり・観光・農業・水産業・文化・芸術・環境・就労・雇用・法律等あらゆる面から被災者の復興を支援する。

その活動として、各々の支援団体が抱える課題を共有し検討する場としての「現地会議」を岩手県、宮城県、福島県の県内各地で開催する。また、福島第一原子力発電所事故等に伴う広域避難者の問題では全国各地で「広域避難者支援ミーティング」を開催する。国の省庁との協議の場も設けている。これらを通して、参加団体間のネットワーク力の醸成や被災者・避難者同士の情報共有等に努めている。

もう1つは、愛知県が県内に在住する広域避難者支援のためにつくった「愛知県被災者支援センター」で、運営を地元のＮＰＯ等に委託している。愛知県では２０００年の東海豪雨災害の際にも公設民営のボランティアセンターを開設したことがある。２００４年には「あいち協働ルールブック２００４」を作成するなどＮＰＯ等との連携を重視している。

運営を担う団体は、災害支援やまちづくり等に精通したＮＰＯ、生協、社協等で、予算や事務所を県が確保するため管理面を心配することなく支援活動に専念できる。市町との連携も図りやすい。避難者が孤立しないよう見守りや交流会を実施するとともに、避難当事者による自助活動も支援する。また、避難者が抱える課題は行政につなぐだけでなく、専門家による「パーソナルサポート支援チーム」を結成し解決策を探る。公設のメリットと、民間ならではのフットワークの軽さ、専門性をうまく活用していると言える。

(4) 中間支援組織の特色と財源の確保

本稿で紹介した国内外の６つの中間支援組織には大きく共通する特色が４つ見られる（図参照）。１つ目は「ネットワーク力」である。中間支援組織は、上述の多様なスタンスを有する支援者間での、支援ノウハウや課題の共有、活動の調整、団体間の相乗効果を促す。さらに、被災者同士が悩みを共有し励まし合う場を設け、自立を支援する。

2つ目は「アウトリーチ」である。被災地に出向き顔の見える関係を築くことにより、ニーズを行政や支援団体につなぐとともに、被災者のエンパワメントに努める。

3つ目として、さまざまな「専門性」を発揮する。再建が長期化するのに伴い専門的な相談や解決が求められるが、職業的専門家だけでなく、ボランティア団体も経験やノウハウを蓄積しており、多彩なエキスパートが総動員で解決にあたる。

4つ目は「官民連携」である。行政との関係では、対峙より連携を重視するようになった。「官」と「民」それぞれの長所、弱点を理解し、官民をつなぎ合わせる中間支援の役割が増している。

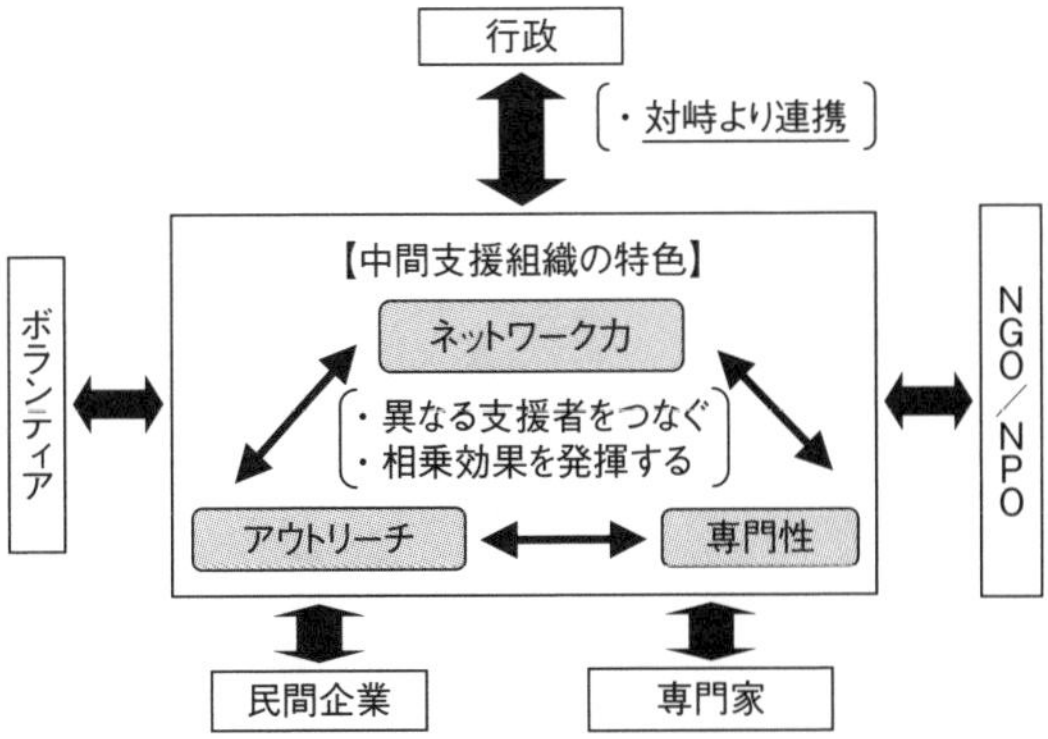

図　中間支援組織の特色

他方、中間支援を展開する上での課題は財源の確保にある。災害直後は多額の寄付金が集まったり行政の助成金が出たりするが、時間の経過とともに先細りしていく。寄付文化が根付いていない我が国では、依然公的資金に頼らざるを得ない面がある。その意味では、中越大震災復興基金のように、基金を使った支援事業に中間支援組織が参画し、その対価として活動費のみならず、人件費、管理費も含めた補助を受ける方策が考えられる。中間支援組織と復興基金が連動した体制づくりが求められる。

（青田良介）

3　災害医療の体制はできているか

災害時には多数の患者が同時に発生するのに対し、医療では施設・器機の破損、医薬品の欠乏、医療者の不足、ライフラインの途絶等の人的物的資源は減退する。災害医療は急激な需要と供給のバランスの変化により、被災地域の医療が絶対的に不足し、他の地域からの支援を必要とする場合の医療である。

(1)　災害時の医療供給体制

医療計画における「疾病又は事業ごとの医療体制について」（平成19年7月2日医政指発第０７２０００１号）の「災害時における医療体制構築に係る指針」および「災害発生時における初期救急医療体制の充実強化について」（平成8年5月10日建政発第４５１号）により、ＤＭＡＴ救護班、都道府県等の役割が指示されている。

(2)　救護班

災害救助法では、都道府県知事は救助を実施することができる（4条1項）。災害医療に関わる救助は「医療」である（4号）。

医療の目的は、災害のために医療機関が混乱し、被災地の住民が医療の途を失った場合、応急的に医療を提供し、被災者の保護を図ることである。したがって災害に起因する傷病でも起因しない傷病でも対象となる。活動方法は原則として救護班対応であり、それ以外の医療行為は救助の対象外とされる。救護班とは、都道府県立または市町村立の病院、診療所、日本赤十字社などの医師、薬剤師および看護師等で編成したもので、都道府県知事、日本赤十字社の派遣するものをいう。自己完結型の活動であり、最低限度の医薬品や医療器材を携行し、3日分程度の食料、飲料水などの生活必需品を持参する。派遣された医療班は被災地の都道府県の調整にしたがい救護班活動を行う。

救護班では対応困難な重篤な救急患者について被災を免がれた医療機関または被災地外の後方医療機関に搬送する。当初は外科・内科系を中心に編成し、時間の経過により適宜精神科の医師を加える等する。救護班の医療は災害によって失われた医療の応急代替であり被災地の医療機関の回復次第、現地医療機関に機能を移行させ、患者を地元医療機関に引き継ぐ。

(3) 災害派遣医療チーム（DMAT）

DMATとは、災害の発生直後の急性期（おおむね48時間以内）に活動が開始できる機動性をもった、専門的な研修訓練を受けた災害派遣チームである。1チームの構成は医師1名、看護師2名、業務調整員1名の4名を基本とする。「防災基本計画」（平成20年2月18日中央防災会議決定）、「厚生労働省防災業務計画」（平成13年2月14日厚生労働省発総第11号）、「日本DMAT活動要領」（平成18年4月7日医政指発第0407001号）に規定されている。病院支援（被災地域の病院に対する医療支援）、域内搬送（災害現場から被災地域内の医療機関への搬送等）、現場活動（災害現場で行うトリアージ、緊急治療等）、後方支援（ＤＭＡＴの活動に関わる通信、移動手段、医薬品等の確保）、広域医療搬送などを行う。

⑷　災害拠点病院

災害拠点病院は、地震・津波・台風・噴火などの災害発生時に、災害医療を行う医療機関を支援する病院である。１９９５（平成７）年の阪神・淡路大震災の経験から、厚生省は各都道府県知事に「災害時における初期救急医療体制の充実強化について」（平成8年5月10日健政発第４５１号）を発し、災害が発生し、被災者に対する適切な医療を提供することが困難になった場合、都道府県知事の要請で、傷病者の受け入れや医療救護班の派遣等を行うこととなった。

拠点病院の要件は、①24時間対応して被災地内の傷病者などの受け入れ搬送が行えること、②被災地からの傷病者受け入れ拠点になること。③消防（緊急消防援助隊）と連携した医療救護班の派遣体制があること、④耐震構造、水、電気の維持機能があること、⑤広域災害・救急医療情報システムの端末、重篤救急患者の救命医療の設備、多数の簡易ベッド、自己完結型の医療救護体制、⑥ヘリコプターの離着陸場所、⑦医療チームの派遣用の緊急車両の保有などである。

⑸　災害医療の法律上の問題点

①トリアージの法令の制定

トリアージについて、ａ、医師以外の医療者がトリアージを行う権限があるか、ｂ、トリアージの判定に過誤があった場合に免責され得るか、ｃ、医師以外の医療者が黒タッグをつけることができるか等の法的問題がある。ａｂについては明文の権限規定、免責規定はなく、黒タッグをつけることは、搬送が第４順位であることを判定するだけであり死亡の判定ではないのでできるとの見解もあるが異論もあり得る。いったん刑事告訴や訴訟の提起がなされれば災害医療が萎縮する危険性が高いことから、早急に法令によって上記の問題について根拠規定や免責規定を定めるべきである。*

②外国からの医療支援

医師法２条、17条からすれば日本で医療行為を行うには、日本の医師国家試験を受験して厚労大臣から医師免許を受ける必要がある。これに違反した場合は罰則が適用される（医師法31条1号）。

阪神・淡路大震災および東日本大震災では外国からの医療者の支援申し入れがあった。厚労省は後者の災害で必要最小限の医療活動は正当業務行為（刑法35条）として違法性が阻却されるという通知を発したが、通知は法律ではないので、国民や裁判所を拘束するものではなく、また、許容される医療行為の範囲や活動期間も明確ではない。これについても立法によって明文化されるべきである。

（永井幸寿）

【注】

＊永井幸寿『災害医療におけるトリアージの法律上の問題と対策』トリアージ　壮道社　２０１４年

【参考】

・「災害医療等のあり方に関する検討会報告書」（２０１１年10月）
・「災害時における初期救急医療体制の充実強化について」（１９９６年5月10日）
・『災害救護』（ヌーベルヒロカワ、編集　勝見敦、小原真理子）

4　被災者に寄り添う災害看護活動

日本赤十字災害看護研究会の災害看護の定義は「国の内外において災害により被災した多数の人々の生命、健康生活への被害を最小限にとどめるために、災害に関する看護独自の知識や技術を適用し、他の専門分野の人々と協働して、災害サイクルすべてに関わる看護活動を展開すること」としている。

(1)　災害サイクルでの活動

災害サイクルとは、①超急性期（発災直後～72時間）、②急性期（発災直後～1週間）、③亜急性期（急性期～1か月）、④復旧復興期（亜急性期～3年）、⑤静穏期（災害発生前）をいう。災害看護の活動は各時期では以下の通りである。

①超急性期には、まず、命の救助を行う。発災後72時間を超えると救命率が著しく低下する。厚労省により2005年に発足した災害派遣医療チーム（DMAT）はおおむね48時間以内に現地に入り、救命率の向上をめざしている。

②急性期には、組織の初動体制の確立と傷病者の搬出搬送を行う。災害対策本部を設置し、医療施設の被害状況を評価して情報を共有する。多数の患者が同時に発生し、医療の人的物的資源は不足するので、需要と供給のバランスが崩れる。そこで、限られた医療資源で1人でも多くの救命を行うために、Triage

（選別）、treatment（応急処置）、transportation（搬送）の3Tがスムーズに行われることが重要である。

③亜急性期は、被災者の救出はほぼ終了し、クラッシュ症候群などの重症患者は後方搬送された医療機関で高度な集中治療が行われる。この時期に避難所での支援は(3)で述べる。

④復旧復興期には、ライフラインや交通機関の復旧、仮設住宅の建設が進み被災者の生活もそれなりに安定する。この時期は仮設住宅や復興住宅での支援活動が行われる。後の(4)(5)で述べる。

(2) 避難所での活動

①プライバシーの確保が困難な状態での、長期の避難生活により、心身の機能低下、生活習慣病などの疾患の発症や悪化、心の健康に関する問題等の課題が生じる。看護師の役割は、被災者の生命・健康を守り、安全の確保を図り、健康管理を行うことである。また避難所生活の長期化で、感染症、食中毒、深部静脈血栓（エコノミークラス症候群）、生活不活発病等のリスクが高まるので、予防を行う。

②初期は、避難所の避難者の健康管理のためにアセスメントやモニタリングを実施し、この結果を踏まえて、避難所運営関係者や保健所・社会福祉協議会をはじめとする専門家やボランティア団体と連携して、避難者の健康課題の解決や、避難所の衛生環境の改善を図る。

東日本大震災では、トイレが満杯になったので当番を決めて定期的に実施できるように指導し、また、消毒薬を使用して行うトイレの清掃の仕方については看護師が避難者と清掃しながら指導した。インフルエンザ・ノロウイルス等の流行の防止のため、避難者には手洗いやうがいを指導し、水がないときは速乾性擦式手指消毒剤を使用した。

③後期は、体を動かす機会が減るため、高齢者が筋力低下や関節の拘縮で徐々に動けなくなり、また、活動量の低下で、気分が沈んでくる。そこで、身の回りのことをできる人には自立を促し、動ける人には役割を与え、可能な作業への参加を呼びかける。声をかけ合って体を動かすよう呼びかけ、高齢者が1人で動きやすくするため杖などの福祉用具を準備して生活不活発病の予防をする。不眠や食欲不振に気づいたら声かけし、症状が重ければ医療機関の受診や専門スタッフの相談を受ける。

支援の食料が届かない、避難所で配給された食事が、冷たいおにぎり、菓子パンなどで、毎日同じであるという食に対するストレスが生じる。自治体保健所の管理栄養士、栄養士に相談し、補助食品の活用も検討する。食物アレルギーに対応して、食料の原材料を表示した包装や、食材を示した献立表を掲示する。

避難所の建物構造に応じて、プライバシー確保の質が少しでも向上するように努め、着替えや授乳を行う個室は間仕切りで隔離する。段ボールをパーテーション代わりにする等の工夫で対応する。

(3) 仮設住宅での活動

仮設住宅では9割近い人が何らかの健康問題をもっている。心疾患・糖尿病等生活習慣病が多く、とくに高血圧は8割に認められる。災害に起因する消化器系の疾患や呼吸器系の疾患、外傷による後遺症が増加の傾向にあり、環境の変化、ストレスが原因と思われる認知症、ストレス性の精神疾患、アルコール依存症も認められる。

そこで、健康管理としては、異常の早期発見、認知症の増加予防と安全管理、アルコール依存への対応、ストレスへの対応、心のケアにポイントを絞って確認する。また、被災者が一緒に生活していた避難所から、個室である仮設に移転すると孤立する可能性があるので、孤独死の防止、自殺の防止、うつ病の防止等を行う。孤独死の防止のためには、チェック表を見ながら安否確認、見守りを行う。アルコール依存症の早期発見はゴミとして出される瓶や缶などで判断する。また、集会室を通じた、イベント、習いごと等を通じて、住みやすいコミュニティの創造支援も行う。

(4) 復興住宅での活動

阪神・淡路大震災の時の例では、仮設住宅で一度できあがったコミュニティが復興住宅では失われ、ドアを閉めると隣人との接触がなくなる集合住宅の構造であった。そこで、居住する人の特徴は、高齢者が多い（47・7％）、認知症が増加しやすい（3か月で10倍）、家族関係が希薄な高齢者が多い（家族が様子を見に来ない、家族を亡くした）、閉じこもりやうつ状態の住民が増加しやすい、隣人とのコミュニケーションがほとんどなく人間関係が脆弱である等である。

復興住宅での活動としては、コミュニティづくりに対する支援（集会室での喫茶店の開催とその住民への引き継ぎ）、心のケア、生活環境の整備、言葉かけによる生きる活力の支援、日常生活における薬品の管理と見守りなどが行われた。

（永井幸寿）

【参考文献】

・『災害看護』（南山堂、監修　小野真理子・酒井明子、２０１２年）
・『災害看護』（メディカ出版、編者　黒田裕子・酒井明子、２０１４年）

5 復興基金——被災者支援に不可欠な裏技

(1) 復興基金が生まれた背景

災害は発生する度にその時々の法令では解決できない問題を引き起こす。1990年に始まった「雲仙岳噴火災害」では警戒区域を設定し住居や営業を禁止したが、その損失をカバーする仕組みがなかった。1995年の「阪神・淡路大震災」では、住宅再建に対する「公助」が不十分で、「自助」、「共助」を支援する有効な手立てもなかった。2004年の「新潟県中越地震」や2007年の「能登半島地震」では、過疎化に加え地場産業や農林水産業の衰退が懸念された。これらは平時の制度の延長線上では解決できない課題であり、復興基金という支援の裏技が編み出されることとなった。

(2) 復興基金による支援の分野と機能

復興基金が支援する分野は、大きく「①住宅」「②生活」「③コミュニティ」「④産業」「⑤教育」等に分かれる。①では、住宅ローンに対する利子補給や近年では現金支給も実施されている。宅地被害に対する補助もある。②では、高齢者の見守りやNPO活動への補助が実施された。③では、復興まちづくりへの支援、コミュニティ施設の再建助成がある。④では、農業支援、地場産業再生、新産業誘致に使われた。⑤では、私立学校や外国人学校の再建、芸術活動や伝統文化再生のために利用された。

これらは既存の法令では支援が届かない、あるいは私有財産の形成につながるとして公的支援の対象になりにくいものを、被災者の視点に立って一歩踏み込んで支援しようとするものであり、その機能には、「公助」を補完するものと、「自助」「共助」を後押しするものがある。

(3) 復興基金の仕組み

復興基金は恒久的な制度ではなく、設置するたびに財源や体制が検討される。地方自治体の裁量で運用されるためか、地方交付税を財源とする場合が多い。一方、義援金を財源にしたことや、中小企業基盤整備機構の財源も活用し被災中小企業の支援に特化した基金が造られたこともある。

体制については、財団法人を設立する場合と自治体の予算に組み入れ直轄方式で行う場合がある（東日本大震災については後述のとおり）。

(4) 東日本大震災の復興基金

東日本大震災復興基金は、震災から約半年後の２０１１年10月17日に設置された。被災９県（青森県・岩手県・宮城県・福島県・茨城県・栃木県・千葉県・新潟県・長野県）に対し計１９６０億円が、特別交付税により配分された。宮城県や岩手県のように寄付金等を積み増しした県もある。さらに、２０１３年３月には、津波により甚大な被害を受けた６県の沿岸部の住宅再建のため、計１０４７億円が追加配分された。東日本大震災復興基金には、以下の特色がある。

①特別交付税を財源にした取り崩し型基金で、行政の予算に組み入れたこと

今日の低金利の状況下において運用型基金は有効でないため、取り崩し型基金として設置された。2回目の復興基金では、復興対策のため新たに設置された震災復興特別交付税が財源となった。従来のように財団法人を設けず、予算に組み込み当該自治体の事業として取り組む直轄方式で運用している。

②被災市町村に復興基金交付金として配分したこと

とくに岩手県、宮城県、福島県の主要被災3県では、県および県内市町村の標準財政規模を基礎として基金規模が算定され、その約半分は、復興基金交付金として県から市町村に配分された。

その使途は後述の津波被災地域の住宅再建支援の他、水産共同利用施設の復旧を支援する事業（石巻市）や被災農家による海岸防災林育苗を支援する事業（名取市）など、被災地に応じた支援が実施されている。

③住宅再建支援に特化した基金を設けたこと

2回目の復興基金では、その使途を津波で被災した沿岸地域の住宅再建に限定した。これにより融資を組まない被災者にも直接補助するメニューが増えた。住宅再建には公的支援はできないとする考え方が、復興基金を介して事実上改められたと捉えることができる。具体的には、国の住宅支援との整合性に配慮し、「移転による再建」か「現地での再建」か、震災前の住居が「災害危険区域内」にあるか「災害危険区域外」か、災害危険区域内でも「区域指定前」に再建したか「区域指定後」か、再建方法が「新築、新規購入」か「補修、改修」かなどに応じて、支援が講じられた。宅地復旧、嵩上げ、バリアフリー仕様等に対する補助金も用意された。阪神・淡路大震災当時に比べて、住宅再建支援が格段に進化したのがわかる。

一方、自治体の独自性が確保された反面、市町村境や県境を越えると支援メニューや支援額に差が生じ

るため、ある程度広域的な調整を図れなかったのかとの指摘もある。

⑸ 復興基金の使命と課題

災害は、高齢化、過疎化、産業衰退等、社会が潜在的に抱えていた課題を一気に露呈させる。制度が後手に回るのもそのためであるが、復興基金は、財源、運用、体制、支援メニュー等が画一的でないが故に、かえって、その時、その場所の状況に合わせてアメーバのように形を変え、弾力的な対応を可能にする。

しかし、これまで復興基金を設置するのに災害発生から数か月から1年近くかかるなど、時間を要するところに問題がある。そのファジーな性格を維持する一方で、災害直後に基金をつくることについては制度化できないか。そうすれば、災害救助法で即座に解決できないような課題にも柔軟に対応しやすくなる。これを第一段階とし、当座の財源はたとえば地方交付税といった地方の裁量が利きやすいものを緊急的に充て半年程度をしのぐ。その間に、必要な体制と支援策を整備するといった二段階方式で臨むことも考えられる。

復興基金のもう1つの特色は、被災地主導で施策が決められる点にあるが、それゆえガバナンスが何よりも重要である。官の発想にとらわれない被災者目線に立った支援になっているか、そのためには、別項の中間支援組織を活用した官民協働による被災者支援に復興基金を用いるのも有効な方策であると考えられる。

（青田良介）

【背景】
・既存の法令では支援が届かない
・私有財産につながるものは公的支援の対象にならない

【機能・支援分野】
・一歩踏み込んだ支援をする
・「公助」を補完する、「自助」「共助」を後押しする
・「住宅」「生活」「コミュニティ」「産業」「教育」

【仕組み・特色】
・「財源」「体制」「運用」「支援メニュー」をその都度検討
・画一的でないが故に弾力的に対応できる

【課題】
・災害直後に設置されない
・ガバナンスが重要

図　被災者支援の裏技としての復興基金

6 義援金——寄付者の思いが伝わる方策を

(1) 義援金の性格

義援金はその金額に関係なく、誰でも、いつでも、どこでも、気軽に寄付できる。日本赤十字社では、「義援金は、市民の自発的意思（善意）によって拠出された民間の寄付金で、慰謝激励の見舞金の性格を濃厚に持つものであり、一義的には被災者の当面の生活を支えるもの」と位置づけている。しかし、住宅再建が私有財産の形成に資するものとして十分な公的支援が施されない状況の下、義援金がそれを補う準公的な役割を担ってきたともいえる。

その一方で、自分のお金がどのような形で被災者に渡ったのかわからない、いつになったら配分されるのかといった批判を受けることがある。義援金の配分の仕組みはどうなっているのだろうか。

(2) 実際の配分の難しさ

日赤では配分にあたって、「できるだけ早く配るという『迅速性』、適正に限るという『透明性』、被災者に被害の度合いに応じて配るという『公平性』といった三原則が重要である」としている。

被災地の都道府県、市町村に、自治体、日赤支部、マスコミ、関係団体等からなる義援金収集（配分）委員会が設置されるが、実際にどう配分するかは決してたやすい作業ではない。大まかには、「集まったお金」を「被災者数（被災世帯数）」で割ることで被災者（被災世帯）当たりの配分額をつかむことができる。しかし、いつまでどこまで増えるか予測がつかないため、どの時点で配分するのか、支援の対象者をどこまで拡げるのか等判断が難しい。人的被害では、死者、行方不明者だけでなく重傷者はどうするのか、住家被害では、全壊、半壊、浸水家屋等被害の程度をどこまでとするのか、その他の生業被害や孤児、遺児等には配慮しないのか、そして、集まり具合を睨みながら、実際の配分を決めねばならない。

過去に関西学院大学災害復興制度研究所が、全国の都道府県、政令指定都市に対し、義援金を配分する際に「迅速性」「透明性」「公平性」のいずれを最も重視するか調査したところ、迅速性よりも、透明性、公平性と答えた自治体が多かったように、どうしても配分に慎重になってしまう面がある。

(3) 災害によって異なる義援金の配分額と対象者

集まる額と被災者の数によって、配分額に格差が生じるのも義援金の特徴である。表1は「①雲仙岳噴火災害」「②北海道南西沖地震」「③阪神・淡路大震災」「④新潟県中越地震」「⑤能登半島地震」の際の義援金の規模、用途、配分額等を示す。仮に、1世帯あたりの平均配分額（総額÷全半壊世帯数）で見ると大きな差がある。実際

表1　義援金の規模と用途

災害	金額（億円）	義援金の用途	全半壊（焼）世帯数	1世帯平均配分額（万円）	全壊の場合の配分額（万円）
①雲仙岳噴火災害	234	人的被害、住家被害、避難、児童生徒、生業被害、復興基金等	727	3219	450
②北海道南西沖地震	260	人的被害、住家被害、生業被害、追悼式、救援物資、防災計画、造成事業、復興基金、人材育成基金、育英基金、奨学基金等	1,032	2519	400
③阪神・淡路大震災	1793	人的被害、住家被害、児童、生活支援、被災市町交付金	448,929	40	40
④新潟県中越地震	372	人的被害、住家被害、生活基盤、生業被害、要援護世帯、教育、ボランティア、自治会、福祉施設等、青少年事業等	17,277	216	440
⑤能登半島地震	32	人的被害、住家被害、コミュニティ、県民ボランティア基金	1,983	161	170

の住宅全壊への見舞金は、①が４５０万円、②が４００万円、③が40万円、④が４４０万円、⑤が１７０万円であった。任意の募金であるがゆえに集まる金額がさまざまで、被災者が多くなると配分額が少なくなってしまう。

(4) 東日本大震災の実例

東日本大震災の例として宮城県と岩手県で比較する（表2参照）。両県で配分額や配分メニューが異なる。宮城県では津波浸水区域での住家被害に対する加算や震災孤児への支援があるが、岩手県にはない。一方、住家被害に対する配分額は岩手県の方が多い。両県への義援金額は、赤十字や共同募金等全国ベースで集まったものと、県ベースで集まったものからなる。前者では同一基準で各県に金額が配分されるが、後者は任意に集まったものである。平均すると、被災人口の少ない県の被災者の方が受け取る額が多くなるし、支援メニューを増やした分、個々の被災者、被災世帯への配分額が減ってしまう。

このほか被災者の手元には、市町村ごとに集まった義援金も支給される。しかし、市町村でも配分額やメニューが異なるため、結果的に差が生じてしまう。受け取る被災者の側から見れば、公平性に疑問を感じるものとなってしまう。

表2　東日本大震災における宮城県と岩手県の配分状況

（2014.7.30現在）

配分メニュー		宮城県（単位：千円）			岩手県（単位：千円）		
		配分額（全国）	配分額（県）	計	配分額（全国）	配分額（県）	計
人的被害	死亡・行方不明者	1,030	155	1,185	1,172	551	1,723
	災害障害見舞金支給対象者	130	105	235	–	–	–
住家被害	全壊	940	150	1,090	1,172	551	1,723
	大規模半壊	715	100	815	–	–	–
	半壊	490	50	540	603	471	1,074
津波浸水区域における住家被害（加算分）	全壊	335	45	380	–	–	–
	大規模半壊	195	35	230	–	–	–
	半壊	115	25	140	–	–	–
	仮設住宅未利用世帯	100	0	100	–	–	–
震災孤児		–	500	500	–	–	–
母子・父子世帯		150	210	360	–	–	–
高齢者施設・障害者施設入所者等	全壊	150	110	260	–	1,172	1,172
	半壊				–	591	591

(5) 義援金が抱えるいろんな課題

義援金はいろいろな課題を抱えている。被災者目線に立てば、たとえば、被災後直ちに配分される仕組みがほしい。そうすれば災害援護資金の貸付金に手を出す必要性も少なくなる。何よりも、全国各地からの目に見える励ましは心の支えになる。

そのためには、義援金をすべて使い切るのではなく、その数%でもよいので蓄財し、その次の災害で即座に配分する仕組みを作れないか。前の義援金で助けてもらった分、次の災害のために留保するという発想である。2回目の配分以後は本来の義援金で調整する。もし、留保分で財源が不足する場合は、政府や日赤等義援金受付機関でいったん立て替えし、後ほど溜まった義援金で穴埋めをするなど、工夫する余地はいろいろあると思われる。また、「義援金」では、寄付者は自分のお金の使い道を他者に委ねるというわゆる「お任せ方式」になるが、寄付の使途を明確にしたいとの思いから、被災地で活動するNPOやNGO等に「支援金」として託す人もいる。被災地の事業所の再建を支援する「クラウドファンディング」いう手法も出てきた。寄付の仕方が多様化してきている。

これらの課題を被災地任せにせず、国民全体で議論すべき時期に来ているのではないだろうか。

（青田良介）

【参考文献】

・日本赤十字社「義援金取扱いのガイドライン」（1998年7月）
・関西学院大学災害復興制度研究所「被災者支援に関する都道府県・政令市意向調査結果に関する報告―被災者生活再建支援法2011年度見直しに向けて―」（2011年3月）
・阪神・淡路大震災復興フォローアップ委員会、兵庫県「伝える―阪神・淡路大震災の教訓」（2009年3月）

7　被災者台帳システムのさらなる普及を

(1)　被災者台帳システムの経緯

本書を通じて、被災者支援の法制度に関する検討が行われてきているが、そもそも論として、被災者が既存の被災者支援制度を使い切れているのかという問題にも触れておかなければならない。

被災者が円滑な生活再建を果たすには、被災者がどのような被災をし、どのような支援を受けているのか、将来的にどのような生活再建を果たしたいのか、それを阻害する要因は何か、といった情報を集約し・共有する仕組みが不可欠である。そのような仕組みを、筆者は「被災者台帳システム」と呼んできた。

そのような試みは、すでに阪神・淡路大震災の被災地において実施されている。兵庫県西宮市は個人情報の取り扱いについては先進的な自治体であったが、阪神・淡路大震災をきっかけに被災者台帳システムを開発・導入をした（正式名称は「被災者支援システム」）。その後も、新潟県中越地震、能登半島地震、新潟県中越沖地震の被災地においても、被災者台帳システムの導入が図られてきた。

阪神・淡路大震災以降、大規模な災害が発生するたびに、被災者台帳システムが一部の自治体ではあるが、徐々に浸透していった。

(2) 東日本大震災における被災者台帳システム

東日本大震災の被災地においても、被災者台帳システムが導入された。以下、具体例を紹介することにする。

岩手県において、県が主導して被災者台帳システムを構築している（「岩手県被災者台帳システム」）。被災市町村が被災者台帳システムを導入する負担を軽減させるため、県がシステムをクラウド化したものである。システムの導入をしたのは、2013年7月時点で、久慈市、野田村、宮古市、大槌町、釜石市、大船渡市、奥州市である。県と被災市町村間で個人情報の共有を図ることにしたために、県ならびに被災市町村はそれぞれ被災者台帳システム導入に必要な政策法務上の手続きを経ている。具体的には、本人の同意を得ない情報収集、センシティブ情報の収集、オンライン結合について個人情報審議会に諮問を行っている。

宮城県名取市では、「被災者生活再建システム」を導入している。システム自体は市が単独で導入したものであるが、社会福祉協議会やJOCA（青年海外協力協会）との共同利用も想定している。

大分県において、広域避難者を把握すべく「受入被災者台帳」を紙ベースで作成している。被災者の数が少数であれば、紙ベースかエクセルベースでも運用は可能である。広域避難者の所在情報、支援制度の受給状況ならびに一般相談の内容について、県内の市町村と情報共有を行っている。

いくつかの事例を取り上げたが、同様の仕組みは、ほかの自治体でも取り入れられているものと思われる。

総務省は、広域避難者の把握に向けて、2011年4月25日から「全国避難者情報システム」の運用を開始した。情報収集の方式は、あくまでも避難者からの自主申告である。避難先の市町村で登録を行えば、情報システムを介して避難元の都道府県・市町村へ避難者の所在情報が提供され、被災者支援や行政サービス等に関する情報が被災者本人に伝達されるという仕組みである。ただ、何回も転居を重ねていくうちに登録をしなくなり、把握できなくなることもありうる。

(3) 災対法改正による制度としての確立

東日本大震災後の災対法改正（2013年）によって、被災者台帳についての規定が設けられた（90条の3、90条の4）。要旨は以下の通りである。

①市町村長は、災害が発生した場合において被災者台帳を作成することができる。

②台帳に記載される情報としては、被災者の所在情報に加え、住家の被害状況、支援の受給状況、要配慮の有無などがあげられる。

③台帳の作成にあたっては、既存の情報を目的外利用してかまわないし、関係地方公共団体長等に情報提供を求めることもできる。

④本人の同意に加え、被災者に対する援護に必要な限度で目的外利用ならびに他の地方公共団体に外部提供をすることができる。

⑤本人の同意があれば、支援団体にも情報提供をすることができる。

2013年改正後の被災者台帳の導入であるが、2013年10月の台風26号による伊豆大島豪雨災害や2014年8月に起きた福知山豪雨災害においても被災者台帳システムが導入されている。

(4) 今後の方向性・課題

しかし、多くの市町村にとっては、このような仕組み自体がまさに「寝耳に水」であることは否めない。

今後どのように被災者台帳システムを普及させていくかが焦点となる。ただし、長期的に見れば、災対法の改正により、今後は災害の発生をきっかけに被災者台帳を導入することが当たり前のようになってくる時代がやってくるだろう。

課題の1つとして、平常時からのシステム導入がある。災害後に被災者台帳を導入することになると、システムを導入する前に収集をした情報を再度、被災者台帳システムに入力するという二度手間が生じてしまう。さらに、災対法のお墨付きがあったとしても政策法務上の手続きはきちんと踏まえておかなければならず、それが原因でシステムの導入が遅れてしまう。そこで、災害が発生する前からこのようなシステムを導入しておくことが望ましいということになる。東京都では、東日本大震災の前から、被災者台帳システムの導入を進めてきた。岩手県では、先の東日本大震災において導入をした被災者台帳システムを、平常時から県内の全市町村で導入を図る予定である。

もう1つは、被災後に被災者台帳のデータを支援団体に素早く提供できるような仕組みを作っておく必要がある。平常時からあらかじめ適切に個人情報を利用・管理できる支援団体を公認しておくという方途が考えられる。実際に、岩手県では「被災者支援に係る個人情報の提供の対象となる団体の基準の運用方針」を2012年3月に作成している。

（山崎栄一）

【参考文献】

・山崎栄一『自然災害と被災者支援』（日本評論社、2013年）

・岡本正・山崎栄一・板倉陽一郎『自治体の個人情報保護と共有の実務―地域における災害対策・避難支援―』（ぎょうせい、2013年）

8 災害対策基本法——改正の意義と残された課題

(1) 災害対策基本法の経緯

災対法は、1959（昭和34）年の伊勢湾台風を契機に制定された。当時は、災害対応を図る法制度が相当程度整備されてはいたものの、それらの制度を総合的にかつ計画的に実施運用する仕組みがなかったので、十分な成果をあげることができなかった。要するに、防災の担い手がそれぞれ自らの活動のよりどころとなる法制度を根拠にしながら、バラバラに対応せざるを得なかったのである。そういった中で、「災害対策の総合化」・「災害対策の計画化」・「巨大災害への対応」を図る基本法制定の気運が高まり、災対法が1961（昭和36）年に制定された。

災対法の主たる内容としては、①防災に関する責任の所在の明確化、②国および地方を通じた防災体制の確立、③防災の計画化、④災害予防対策の強化、⑤災害応急対策の迅速・適切化、⑥災害復旧の迅速化と改良復旧の実施、⑦財政負担の適正化、⑧災害緊急事態における措置等があり、災害全般にわたる施策の基本の確立を図った（災害対策制度研究会編〈2002〉27頁）。

阪神・淡路大震災後において、二度にわたる大きな改正が実施された（1995年6月ならびに12月）。6月の改正において、都道府県公安委員会による災害時における交通規制に関する措置の拡充、車両の運転者の義務、警察官、自衛官および消防吏員による緊急通行車両の通行の確保のための措置等が定められた。12月の改正において、緊急災害対策本部の設置要件の緩和と組織の強化、緊急災害対策本部の権限強化、現地対策本部の設置、災害派遣を命ぜられた部隊等の自衛官への所要の権限の付与、市町村長による都道府県知事に対する自衛隊の災害派遣の要請の要求等、新たな防災上の課題への対応、地方公共団体の応援等が定められた（災害対策制度研究会編〈２００２〉37～38頁）。

(2) 東日本大震災後の改正とその意義

東日本大震災以降も、２０１２年と２０１３年の二度にわたる大きな改正が実施された。２０１２年の改正において、①大規模広域な災害に対する即応力の強化、②大規模広域な災害時における被災者対応の改善、③教訓伝承、防災教育の強化や多様な主体の参画による地域の防災力の向上、④国・地方公共団体の防災会議と災害対策本部の役割の見直しその他所要の規定の見直し等が定められた。２０１３年の改正において、①大規模広域な災害に対する即応力の強化等、②住民等の円滑かつ安全な避難の確保、③被災者保護対策の改善、④平素からの防災への取組の強化等が定められた。同時に、「大規模災害からの復興に関する法律」も制定されている。

以下、東日本大震災後の改正の意義について述べていきたい。災対法はその制定趣旨として、縦割り行政の克服、各機関の連携を念頭においていたため、行政組織を中心とした災害応急対策と復旧を主に規定がなされた。災対法は、「行政の行政による行政のための基本法」であった。このことは阪神・淡路大震災後の法改正でも変わるところはなかった。以降、震災後の立法運動や法運用の見直しによって、被災者生活再建支援法が制定され、災害救助法の運用も阪神・淡路の時よりは改善されてはきたものの、そのような漸次的な改善ではとても東日本大震災には対応できなかった。
きている。
そういった中で、今回の改正におけるいくつかの条項の中で、憲法理念の反映に向けての萌芽が現れてきている。

基本的人権に関していえば、2条の2において、

・災害の発生直後その他必要な情報を収集することが困難なときであっても、できる限り的確に災害の状況を把握し、これに基づき人材、物資その他の必要な資源を適切に配分することにより、人の生命および身体を最も優先して保護すること(4号)。

・被災者による主体的な取組を阻害することのないよう配慮しつつ、被災者の年齢、性別、障害の有無その他の被災者の事情を踏まえ、その時期に応じて適切に被災者を援護すること(5号)。

・災害が発生したときは、速やかに、施設の復旧および被災者の援護を図り、災害からの復興を図ること(6号)。

が、災害対策の基本理念として掲げられることになった。これらの基本理念を実現させるような法制定・法改正ならびに法の解釈・運用がなされるように働きかけを行っていく必要がある。

民主主義に関していえば、15条5項において「自主防災組織を構成する者」が都道府県防災会議の委員として追加され(8号)、都道府県地域防災計画の策定に参与することになった。市町村も同様である(16条6項)。

また、市町村内の一定の地区内の居住者および当該地区に事業所を有する事業者、すなわち、「地区居住者等」は、防災訓練、地区居住者等による防災活動に必要な物資および資材の備蓄、災害が発生した場合における地区居住者等の相互の支援その他の当該地区における防災活動に関する計画、すなわち、「地

区防災計画」を定めることができるようになった（42条3項）。

大規模広域の災害においては、公助だけによる対応には限界がある。共助―自助をも取り入れた災害対応をめざすのであれば、民主主義的な要素の取り込みが必然的なモノとなる。すなわち、①住民を防災会議のメンバーとしてあらかじめ参加させ、防災計画の策定段階から住民を参加させる、②住民による草の根的な地区防災計画の策定を積極的に進めることが求められる。このような萌芽を「小さく産んで大きく育てる」という姿勢が肝要である。

筆者は、基本的人権や民主主義といった憲法理念が災対法の中に反映されていなかったことが、避難支援・被災者支援の不徹底につながっていたのではないかと考える。たしかに、災対法の制定目的は「災害対策の総合化」「災害対策の計画化」「巨大災害への対応」にあったが、住民の生命の保護が究極の目的であることを忘れてはならない。防災会議ならびに防災計画の策定段階における住民不在は、災害対応と被災者ニーズとの間に齟齬を生じさせる結果を招いてしまったのではないか。

今後は、「国民の国民による国民のための基本法」への転換が図られなければならない。

（山崎栄一）

（付記）本節は、山崎栄一（2014）を編集・修正したものである。

【参考文献】

・災害対策制度研究会編『新　日本の災害対策』（ぎょうせい、2002年）
・山崎栄一『自然災害と被災者支援』（日本評論社、2013年）
・山崎栄一「第8章　災害対策基本法の見直し」関西大学社会安全学部編『防災・減災のための社会安全学』（ミネルヴァ書房、141～157頁、2014年）

9　災害救助法——被災者救済にもっと活用を

(1)　法の性格

災害救助法は、南海地震を契機に1947（昭和22）年に制定された。目的は、被災者の保護と、社会秩序維持である。その後、伊勢湾台風を契機に1961（昭和36）年に災害対策基本法が制定され、災害救助法の多くの条項が災対法に移行した。災対法と災害救助法の違いは、前者が一般法、後者が特別法といわれ、重要な違いは、後者が財政負担法ということである。災害救助法の適用がないと、国の費用負担がなく被災自治体のみの負担となり、自治体の救助の実施を躊躇させることになる。

(2)　問題点

①政府は法律による救助の原則として、a、平等の原則、b、必要即応の原則、c、現物給付の原則、d、現地救助の原則、e、職権救助の原則があるとする。しかし、法令にそのような規定はない。adは住民以外や不法滞在者にも実施される点でよいにしても、bは必要最小限の原則として機能することがあり、cは法律の規定に違反するものであり、eは救助の申し立てができない点で問題がある。

②災害救助法の条文はわずか34条しか無く、所轄官庁が多数の通知や要綱で運用し、その体系はきわめて複雑である。通知による運用は弾力性・柔軟性がある反面、恣意的な運用を招く危険がある。

③また、一般法である災害対策基本法が第1次責任を市町村長に課しているのに対し、災害救助法は第1次的責任を都道府県知事に課している。同じ災害に関する一般法と特別法に混乱が生じており、災害対策基本法と災害救助法の調整が必要である。

④災害救助法には、都道府県知事が必要であると認めたときは、現金を支給できる旨明文の規定があるにもかかわらず（災害救助法4条2項）、政府は「現物給付の原則」が存在するという独自の見解で施行以来明文に反して現金支給を実施させない。

(3) 救助の種類

救助は都道府県知事が政令で定める程度の災害が発生した場合に都道府県知事またはその委託を受けた市町村が行う。主に以下の救助があり（災害救助法4条1項）。細目は通知ないし要綱で定めている。

①**避難所の供与（4条1項1号）** 原則として学校、公民館、福祉センターなどの公共施設などを利用する。円滑な救助を実施するため、救護活動の拠点となることも配慮されている。

②**応急仮設住宅の供与（4条1項1号）** 災害の発生の日から20日以内に着工して速やかに設置するよう努める。これに代えて、民間賃貸住宅の居室の借り上げを実施できる。供与期間は原則2年であるが、延長は可能な場合がある。供与は無償である。

③**炊き出しその他による食品の供与（4条1項2号）** 避難所に収容された者、住家被害を受けて炊事できない者等に供与され、応急仮設住宅入居者は自律の準備にあるとして供与されない。

④**応急修理（4条1項6号）** 住宅の応急修理で費用の補助でなく業者の修理（現物給付）である。費用

が52万円で、修理対象が居室・炊事場・便所等必要最小限度であり、資力要件がある。

(4) 救助の基準

救助の基準は、一般基準と特別基準がある。一般基準は、内閣総理大臣が定める基準にしたがいあらかじめ都道府県知事が定める（4条3項、施行令9条1項）。特別基準は、一般基準では、救助の適切な実施が困難な場合に、都道府県知事が、内閣総理大臣と協議して同意を得て、救助の程度、方法期間を定める（施行令9条2項）。たとえば、避難所におけるパーテーション・冷暖房設備の設置、食事の高齢者・病弱者に対する配慮、福祉避難所の設置、応急仮設住宅の寒冷地仕様等は特別基準とされている。これらは、都道府県が内閣府と交渉して同意されれば実施する費用の一部を国から支出してもらえる。

しかし従前、阪神・淡路大震災、新潟県中越地震、中越沖地震と経て積み上げられてきた上記の救助の水準が、東日本大震災では一挙に失われた。東北の被災自治体はこれらの特別基準を実施しなかったので被災者が劣悪な環境におかれたのである。そこで、政府の方から、特別基準というものがありその実施が可能なことを東北の被災自治体に多数の通知を発して周知させるようにした。もっとも、これらは一般に普及した救助水準なので、一般基準として扱い、何ら要請がなくても適用すべきである。

(5) 救助の財源

実施に要する費用は被災地の都道府県が支弁する（18条1項）。都道府県は費用の支弁の財源に充てるために災害救助基金を積み立てる必要が課せられている（22条）。救助の実施に関する事務の一部が都道府県知事から市町村長に委任された場合、市町村長は、委任された救助の実施に要する費用について、一時立て替え払いする場合がある（29条）。

救助に要する費用が100万円以上になるとき、その額の都道府県の普通税収入見込額に応じ、国が負担する（21条）。被災地以外の都道府県が被災地の都道府県を応援した場合は費用を被災地都道府県に求償できる（20条1項）。但し、これでは応援する都道府県が求償をためらい救助を躊躇することになった。そこで、2013（平成25年）改正で、著しく異常かつ激甚な災害の場合は、被災地の都道府県は国に支払いを要請し、国が代わりに支払うことができるようになった（20条2項3項）。

(6) 強制

災害救助法に基づいてa、都道府県知事は、救助を行うため、とくに必要があると認めるときは、政令で定める範囲で、医療、土木建築、輸送関係者を救助に要する業務に従事させることができる（従事命令）（7条1項、3項）。b、都道府県知事は、救助を行うためとくに必要があると認めるときは、病院、診療所、旅館を管理し、土地、家屋、物資を使用できる（9条1項）。c、都道府県知事はbの場合、当該職員に施設、土地、家屋、物資の所在・保管場所に立ち入り検査させることができる（10条1項）。（永井幸寿）

【参考文献】

・『災害救助の運用と実務』（第一法規、災害救助実務研究会）
・『自然災害と被災者支援』（日本評論社、山崎栄一）
・『「災害救助法」徹底活用』（クリエイツかもがわ、津久井進、永井幸寿他）

10 災害弔慰金法——実態に即して関連死の認定を

(1) 災害弔慰金

災害弔慰金は、自然災害によって死亡した住民の遺族に対し、弔意金を支給する制度である。対象は、住民の配偶者、子、父母、孫、祖父母であり、また東日本大震災の時に法改正がなされ兄弟姉妹（同居・生計同一、配偶者・子・父母・孫・兄弟姉妹不存在の時）にも拡大した。金額は、生計維持者が死亡した場合は500万円、その他の者が死亡した場合は250万円である。

(2) 災害障害見舞金

災害障害見舞金は、住民が重度の障害をおった場合（両眼失明、要常時介護、両上肢肘関節以上切断等労災1級相当）、または重度重複障害をおった場合に支給される制度である。金額は、障害をおった者が生計維持者の場合は250万円、その他の者の場合は125万円である。

(3) 災害援護資金

被災世帯の生計立て直しを支援するために、災害援護資金の貸し付けの制度があり、最大で350万円の貸し付けがなされている。

⑷ 震災関連死

⑴の災害弔慰金の震災関連死は、明確な審査基準が存在しない。法律や条令には「災害により死亡した住民の」との記載しかない。たとえば避難中に十分な暖を取れずに肺炎で死亡した場合や、災害の怪我や災害直後に十分な医療を受けることができなかったことで寝たきりになったり、災害前の状態に回復することなく死亡した例などが問題となる。

判定が困難な場合は市町村が災害弔慰金支給審査委員会を設置してここで判断する。現実には、被災自治体で認定基準がバラバラであり、認定率（２０１３〈平成25〉年10月末日現在）は、福島83・２％、宮城75・４％、岩手59・１％であり岩手県と福島では20％もの差がある。

審査委員会の形態を見ると、岩手県は20の市町村は山田町・盛岡市・岩泉以外はすべて県に審査を委託している。つまり、独自の審査委員会がない。宮城県は、震災関連死が20件以上ある自治体は、南三陸を除き独自の審査会を設置している。福島は、双葉郡の８市町村は双葉町村会がまとめて審査、他は市町村が審査会を設置している。

独自の審査会がないと、診断書等の文面だけで判断し、現実の被災状況がわからないまま、短時間で処理されてしまう。被災地の医師は被災直後の混乱状態で震災との関連まで配慮してカルテ等に記載はしていないのである。したがって市町村は現地の事情を知る委員による独自の審査会を設けなければならない。

災害弔慰金の支給の趣旨は、①死亡した住民の遺族に対して弔意を示すこと、②死亡した住民の遺族の生活保障にある。認定は、医学的因果関係の判断を前提にするにしても、上記趣旨に基づく法的判断によって行われなければならず「疑わしきは被災者の利益に」の原則によるべきである。そのために審査会には医師だけではなく弁護士も委員に加えるべきである。

判例も、災害がなければ死亡という結果が生じていなかったことが必要であるが、これがある以上、たとえ病気のために死期が迫っていたとしても、数時間でも延命できる可能性があれば因果関係を認めなければならないとしている（大阪高裁１９９８〈平成10〉年4月28日）。たとえば、震災前から末期のがんであったとしても、震災によって避難所に行って急速に衰えて死亡したとした場合、震災が無ければ数時間でも延命できる可能性があれば因果関係を認めることができるという判断である。

この点自治体は、長岡市が使っていた「長岡基準」をあてはめて、6か月経過の後に死亡した場合、震災と因果関係が

災害弔慰金等立替事業の利用状況

	申込時期	都道府県	死亡時期	死亡原因	結果	備考
1	2013年1月	岩手県	2011年12月	心筋梗塞	支給不可	遺族本人が申請したが2012年5月に不支給決定を受け再度申請した事案
2	2013年2月	宮城県	2011年3月	老衰	支給可	遺族本人が申請したが「老衰」なので認定されないとして申請書類を差し戻されていた事案
3	2013年5月	宮城県	2011年3月	不明	支給可	別居中の弟と生計を同じくしていた兄弟姉妹として支給決定を得た事案
4	2013年7月	岩手県	2011年6月	虚血性心疾患	支給可	遺族本人が申請したが2012年6月に不支給決定を受け再度申請した事案
5	2013年9月	岩手県	2011年9月	肺がん	支給不可	2010年秋に肺がんが発見され治療中であったが震災により一時治療が中断した事案
6	2013年9月	岩手県	2011年4月	腹部大動脈瘤	支給不可	持病があり、津波により薬の服用が一時中断するなどした結果内臓がダメージを受けた可能性がある事案
7	2013年12月	岩手県	2011年12月	急性心不全	審査継続中	ガレキ運搬によりウイルスに感染し心不全を起こした可能性がある事案

出典　日本弁護士連合会「弁護士白書2014年版」

ないと推定する等と機械的な判断をすることがあったが適切ではない。
震災関連死の認定は遺族に対する精神的な影響力がきわめて高い。なぜなら遺族には死亡について「自分がもっとできることがあったのではないか」と思い悩んでいる者が多い。そして震災関連死の認定を受けることは、行政からその時点で死亡した原因が災害であることを認定されることになるので、遺族は家族の死と向き合いやすくなるのである。また震災遺族ということになり合同慰霊祭にも出席でき、記念碑などにも死亡者の名前が刻まれる。震災関連死の認定は単に給付金が支給されるか否かだけの問題ではない。遺族が精神的に立ち直るための大きな契機となるのである。

(5) 生計維持者

災害弔慰金は死者が生計維持者か否かで支給額に250万円の差が生じる。厚生労働省の通知で生計維持者の判断は配偶者控除の額による。たとえば、夫が働く場合の配偶者控除は妻の年収が103万未満の場合に夫は配偶者控除を受けるが、妻の年収が増加すると控除額は減少し、141万円で控除はなくなる。この基準を使って遺族が妻の場合、103万を超える年収があれば妻が生計の維持者であるとして給付額を250万円にしている。わずか103万円超で生計維持者と判断することは社会通念に反するし、配偶者控除という異質の制度をここに適用する合理性も認められない。遺族に対する弔意を示すことと、遺族の生活保障という趣旨にも反する。早急にこの運用を改善すべきである。

（永井幸寿）

【参考文献】
・『自然災害と被災者支援』（日本評論社、山崎栄一）

11　被災者支援法のこれまでとこれから

(1)　2つの支援法

阪神・淡路大震災（大震災）の被災者の訴えは「被災者生活再建支援法」に結実した。この市民立法はその後の20年で社会にどんなインパクトを与え、いかなる課題を残したのか。その意義と効果を振り返る。そして、同じ支援法の名が付された「原発事故子ども・被災者支援法」の現状もここで確認をしておこう。

(2)　阪神・淡路における産みの苦しみ

大震災が起きた当時、被災者に対する物的補償制度は何もなく、荒涼とした砂漠のようだった。マイホームが全壊して何もかも失った被災者には、40万円程度の義援金が支給されるだけで、生活再建は「自己責任」の名の下に放置された。この棄民政策の理由は、村山富市首相の国会答弁に端的にあらわれていた。「一般的に自然災害等によって生じた被害に対して個人補償をしない、自助努力によって回復してもらうことが原則」、「私有財産制のもとでは、個人の財産が自由かつ排他的に処分し得るかわりに、個人の財産は個人の責任のもとに維持することが原則」。これらは政府の一貫した論理だが、頑迷な理屈に過ぎず、憲法の理念の下ではむしろ誤った見解である。しかし、当時はそれがまかり通っていた。

風穴を開けた原動力は市民の力にほかならなかった。第1に被災者が自ら声をあげ市民運動が大きく展開されていったこと、第2に兵庫県をはじめとする被災地自治体が先導的な役割を果たしたこと、第3に全国の団体や市民が力強く後押しをしたことが大きい。これらが相互に反応し合い、大きなうねりとなって、社会を巻き込み、政治を動かし、震災から3年3か月を経て被災者生活再建支援法の成立となった。

(3) 支援法成立時の意義と課題

この法律が成立したことそれ自体に大きな意義があった。第1に被災者個人への現金支給の道を拓いたこと、第2に被災者の生活再建に不可欠な「公助」を制度化したこと、第3に何よりも市民力で法律をもぎ取る成功体験を得たことである。この流れは、その後の十数年にわたる大災害のたびに、被災者支援を拡充する方向に働くベクトルとして機能した。

もちろん課題は山積みだった。当初の支援法は、住宅再建への使用を固く禁じ、金額は上限100万円で満額支給されるケースはわずかだった。適用の要件も無用に細かく面倒で、窓口事務を行う市町村の職員も閉口するほどだった。立法の目的を無力化しようとする政府・官僚のドグマに金縛りにされた滑り出しだった。「小さく産んで大きく育てよう」というスローガンは、道半ばでとりあえず解決せざるを得なかった関係者の悔しさを表現したものだったとも言える。

(4) 粘り強く続く改善運動

支援法は、衆議院附帯決議に基づき施行後5年に見直しすることになっていた。折しも1999年の広島豪雨（支援法の初適用）、2000年の有珠山噴火、三宅島噴火、鳥取県西部地震と災害が連続したため、社会の関心が高まった。片山善博鳥取県知事は、独自に補助金（上限300万円）を支給する住宅再建支援制度を創設し、支援制度のあり方に大きな一石を投じた。これをきっかけに自治体の独自支援策が次々に講じられていった。

支援法は2004年3月に改正され（第1次改正）、既存の100万円に加え、居住安定支援金200万円が新設された。しかし、同じ年の10月に起きた新潟県中越地震で、住宅本体に使えない支援法の根本的欠陥がかえって浮き彫りになり、制度のさらなる改善を求める声がいっそう大きくなった。

そして2007年11月の支援法の再改正（第2次改正）で、使途制限や収入要件などが撤廃され、全壊世帯等に最大300万円、住宅本体にも使用できるようになった。阪神・中越から粘り強く改善を求め続けた声をベースに、その年に起きた大災害（能登半島地震、新潟県中越沖地震等）の被災者の声が重なり、ねじれ国会という政治的背景もあって得られた成果であった。支援法はようやく「使える制度」と評価できるところまで到達した。大震災から12年半の歳月を要したことになる。

しかし、まだ半壊家屋や地盤災害が対象外に置かれ、生業支援が欠如しているなど問題は数多く残っている。次の見直しは2011年だったが、東日本大震災が発生し、逆に再び放置される状況となっている。むしろ、支援法を縮小・限定する後退の動きが出てきて、一定の影響を及ぼしている。制度の前進を怠ったとき、時計の針は直ちに逆に回り始めることを、私たちは肝に銘じておかなければならない。

(5) 骨抜きにされる子ども・被災者支援法

子ども・被災者支援法は、東電原発事故から1年余りたった2012年6月に成立した。被害を受けた人々に、「避難」、「残留」、「帰還」それぞれの選択を正面から認め、それぞれに住まい、職業、健康などの十分な措置を講じることを内容とする理念法である。この法律は人権の正しい理解に基づき、また、避難者を中心とする市民の声が原動力となって成立した法律だったから、阪神・淡路の支援法の延長線上にあり、さらにそれを前進させたものと評価できる船出であった。

ところが、子ども・被災者支援法は、成立して2年余りたつのに、いまだに機能していない。とりわけ健康調査や医療提供という中核部分は、有為な施策が皆無のまま放置されている。残念ながらこの法の実現を阻止しようとする政府・官僚の骨抜き作戦が優勢なのだ。その理由はたくさんあるが、あえて5つ挙げると、①支援対象地域の設定の判断を政府に預けてしまったこと、②具体的な施策を政府の基本方針に任せてしまったこと、③施策を主導すべき立場の福島県が消極的であること、④市民の運動が一本化されなかったこと、⑤施策を前進させる世論や政治の動きが形成されていないこと、である。

しかし、あきらめてはならない。被災者生活再建支援法も、多々の障害を乗り越えて今があり、かつ、今も逆風にさらされている。だが、市民の声を広げ、知恵と熱意を融合することで打ち克ってきたことを、私たちは経験を通じて知っている。憲法に言う「不断の努力」(憲法12条)の出番である。

(津久井進)

【参考文献】

・『検証　被災者生活再建支援法』(関西学院大学災害復興制度研究所著、自然災害被災者支援促進連絡会、2014年3月)
・『福島原発事故　被災者支援政策の欺瞞』(日野行介、岩波新書、2014年9月)

12　大切な災害時の私権保護制度

(1) 自力再建と私権保護

阪神・淡路大震災以降の20年は、被災者が立ち直る条件を「公助」にスポットを当てて議論をしてきた。しかし、過去の災害は自力再建が中心だった。おそらくこれから先に起きる災害も、国や地方自治体の限界のため、自力再建・私的復興にシフトしていくだろう。

自らのことを、自ら考え、自らの力で実行していくこと。このスタンスは災害時でも基本だ。それは自由権と個人の自律を基軸とする憲法の理念にも整合する。真のレジリエンス（強靱性）も自立にこそ源泉が求められる。本稿では、私人の権利の再生を支える仕組み、私権の保護制度を整理する。

(2) 所有権絶対の原則とその制限

私権の基本法は「民法」である。民法の大原則に「所有権絶対の原則」がある。所有者は自分の所有物を自由に管理・使用・処分できるということだ。自分の土地であれば、建物を建てるのは自由である。しかし、一人ひとりの権利者も社会の中の存在であるため一定の制約がある。民法には「私権は、公共の福祉に適合しなければならない」（第1条）とある。問題は、具体的にどのような制約があるか、である。

災害時の主な制約は3つある。第1は、緊急時における災害対策基本法や原子力災害特措法などに定める避難指定。避難指示区域では立ち入りさえも認められなくなる。原発事故の区域指定は地域に深刻な影響を及ぼしたが、近時は区域解除をめぐる行政と住民の対立が目立つ。雲仙普賢岳噴火災害では、指定解除には住民の意見を反映させるべきとの提言もあった。指定解除には民主的プロセスも考えられてよい。

第2は、復旧期における建築制限である。建築基準法84条や被災市街地復興特措法7条等に基づき、一定期間の建築物の建築が制限または禁止される。しかし、何もかもダメということではない。通常の管理行為や軽易な行為等は自由だし、移転・除去が容易な建物は許可される。問題の本質は、建築制限が住民の意見を聞くなど計画策定の時間的余裕を確保するために行われるという目的が正しく機能していないところにある。阪神では、神戸市が、建築基準法に定めた2か月の期間に固執して、その性急さが批判の的となった。東日本では、各地で計画策定の見通しの立たないまま長期間の建築制限を行い、先行き不透明な土地を抱えた人々が故郷を離れてしまった。建築制限は、所有権に対する重大な制限なので、権利者の意向に配慮した運用を欠かしてはならない。

第3は、復興期における区画整理や都市再開発等の都市計画事業である。これらの事業では、減歩、権利変換、収容といった手法で所有権の全部または一部を取り上げてしまうことがある。都市計画の必要性は否定できないが、災害でダメージをおっている人々に追い打ちをかけるような運用方法は考えものである。区画整理などは平時の制度だから、災害時に使う場合は実情に即した配慮が求められる。むしろ、災害時の復興制度が整備されていないことが問題だ。2013(平成25)年6月に「大規模災害からの復興に関する法律」が創設され、行政手続きの一部が災害時に簡便化されることとなったが、これで私人の権利保護手続きが薄くなったという見方もできる。そもそも、地権者等により自主的に私有地の提供等が行われることが復興の1つの理想形である。城崎復興など先例もある。災害時の住民の合意形成支援をはじめ、住民の自立・自律を促す制度を設けることによって、住民による主体的復興が実現できないだろうか。

(3) 区分所有権

被災マンションの再建は阪神の重要な経験である。区分所有権は、単なる所有権とは一線を画し、団体法理の制約に服する限定的な私権である。ひとたび被災すれば、その不自由さに閉口することとなる。阪神では、少なからぬ被災マンションが、復旧か建替えかという二者択一を迫られ、住民を二分する深刻な紛争に発展した。紛争の一因は法の不備にあった。教訓が法改正等につながったが、主なものを3つ挙げる。①マンションの全部滅失の場合に対応する被災マンション法の新設。②マンション建て替えの要件の1つであり紛争の種にもなった「過分の費用」と言われる客観要件の削除。③建て替えのプロセスを一種の事業と捉えて抵当権等の障害をクリアできるようにしたマンション建て替え等円滑化法の新設。

さらに、東日本大震災では老朽マンションが被災して区分所有関係を自主的に解消するという事態が起きた。来るべき都市災害も見据えて、2013（平成25）年以降に再び大改正が行われた。ポイントの1つは、特別多数決によって被災マンションの取り壊しや売却ができるようになったことである（「改正被災マンション法」）。もう1つは、耐震化を推し進める施策とともに、耐震化困難なマンションの取り壊しや売却ができるようになったことである（「改正マンション建替円滑化法」）。

かくして被災マンションの法制は充実した。が、よりいっそう複雑な仕組みになったともいえる。マンション再建事業は、純然たる私的な復興事業となるから、人任せにはできない。平時から再建手法を正しく理解しておくことが求められる。

(4) 借地権・借家権

阪神の特色は、借地借家の被害が多かったことである。罹災都市借地借家臨時処理法は、優先借地権（一定の条件下で借家人に借地権を与える権利）や、優先借家権（新たな建物を優先的に賃借できる権利）を保障していたが、その負担は、もっぱら土地所有者が背負うため、私人同士の関係が不公平であった。そこで、2013（平成25）年に同法が廃止され、代わりに「大規模災害借地借家特別措置法」が新設され、当事者の利害を適切に調整する制度に改められた。

この法律では、5年間の時限的権利である「被災地短期借地権」が新設され、震災後の仮設市街地の敷地に利用できるようになった。私的な復興事業に資する制度であり、その活用が期待される。

(5) 私権の調査・整備を

私権の状況が不明だと、事業はたちまち立ち往生してしまう。2013（平成25）年3月末現在の地籍調査の進捗率は全国で50％程度。とくに都市部では23％と低率である。東日本大震災では相続登記が長年にわたり放置された土地があらゆる復興施策のネックになっている。私権の混乱の解消は重要な事前の備えであり、都市部の国土調査の早期完了は急務である。そして、阪神・淡路まちづくり支援機構など私的復興を支援する専門家の連携の促進も欠かせない。

（津久井進）

13　急がれる災害復興制度の確立

(1) 災害復興制度の到達点

復興を支える制度は、数々の災害を経験して次第に充実してきた。そして今も歩みの途上にある。かつては復興を支える法制度は無きに等しかった。災害対策の要となる「災害対策基本法」では、復興の章さえ設けられていなかった。公的施設も、「復旧」までは認めるものの（「公共土木施設災害復旧事業費国庫負担法」、「農林水産業施設災害復旧事業費国庫補助の暫定措置に関する法律」、「公立学校施設災害復旧費国庫負担法」等）、改良することを許さなかった。私的な生活再建などは制度の枠外に追いやって、政府はむしろ支援を拒絶するのに汲々としていた。その有様は、国民の幸福追求権や生存権を保障する憲法に百八十度背馳していた。

しかし、阪神・淡路大震災以降、風向きは変わった。「復興」が主たる目標となったのである。新たに制度がつくられ、問題のあった制度は改善され、制度が足らないところは知恵や工夫で補った。まず、行政の公的施策については、災害対策基本法が改められ、復興をも見据えた災害対策のメニューができた。復興まちづくりについては、「大規模災害復興法」が設けられ、行政施策の復興手順が恒久化された。個人の生活再建については、「被災者生活再建支援法」ができた。法律で足りないところは、自治体がさまざまな独自施策で知恵を絞った。雲仙、阪神に始まり、中越で大きく飛躍した「復興基金」の仕組みは、まさに知恵と工夫の結晶である。

こうした20年の実績と成果を見渡して、どれだけ意義深いものであったか顧みるのも意味があろうが、本稿ではあえてそれをせず、なお足らざる点を挙げて21年目以降の取り組みの手がかりを残しておきたい。

(2) 理念の明確化

関西学院大学災害復興制度研究所は、2010(平成22)年1月に災害復興基本法案を提唱した(「復興の目的、対象、主体、手続、情報、財源、決定権、地方自治、ボランティア、コミュニティ、多様な住まい、医療・福祉、経済産業活動と労働、地域性、施策の一体性・連続性・多様性、環境、教育、理念の共有と継承」等をまとめたもの。『大震災15年と復興の備え』参照)。災害復興に関するさまざまな制度の頂点に立ち、解釈や運用の指針となり、新たな制度を生み出す土壌となることを期したのである。

その後、東日本大震災が起き、災害復興基本法案を創設・活用する機会が訪れたが、直後は目の前の些事に追われて理念を語る余裕がなく、ようやく成立した東日本大震災復興基本法は政党間の妥協の産物となり、むしろ復興の目標を履き違え、復興予算流用の根拠となった。理念の設定を誤るとこうなるという最悪の見本である。2013(平成25)年6月に災害対策基本法が改正され、災害対策の理念が明文化されたのは災害法制における重大な転機だったが、やはり基本となる復興理念は平時に確立しておかねばならない。

(3) 生命の尊重・保護

災害法制は、災害による直接的な生命への危険について対策を講じている。これに対し、復興過程で失われる生命については、なんと施策の乏しいことか。

災害関連死（原発関連死）、孤立死（孤独死）、自死といった、本当は人の手によって救うことのできる命が失われている由々しき実態がある。しかるに、現在のところ、災害関連死の実態調査さえ行われていない。原発被害では、子ども・被災者支援法が制定されてから2年半も経過したにもかかわらず、健康調査・医療措置に関する施策がいまだに行われていない。本当にこれが法治国家なのだろうか。命を支える医療関係者、福祉関係者の業務を保護する制度がないことも、同一線上のものと理解できる。

復興のプロセスにおける生命への危機、「復興災害」を防止する施策が急務である。

(4) 市民の主体性の尊重

制度をつくると副作用もある。さまざまな制度の乱立が市民の主体性を損なっている。

阪神・淡路では、市民のボランティアのありがたさが身に染みた。市民社会の構築のさきがけとなる第一歩が、災害ボランティアであったことは疑いようがない。ところが、やがてボランティア活動を規律する制度が次々に設けられ、ボランティアは整序され、組織化された。マナーやルールが強調され、東日本大震災では、ボランティア活動に対する批判や制限が声高に主張される動きさえ見られた。これは正しいことではない。本来、市民活動は自由が基本だからである。

被災者の自律的な復興が重要であることは、前項（「災害時の私権保護制度」）でも強調した。行政依存は、行政にとっても、市民にとってもマイナスである。自立した市民が自律的な活動をすることが重要である。市民活動を展開していくには、細かなＮＰＯの手続き、厳密な税制措置、個人情報保護、硬直的なボランティアセンター運営など、さまざまな障壁が立ちはだかっているが、これらを取り払い、市民力を育て・鍛える方向の施策こそ、今、求められている。

(5) 国家緊急権の阻止

国家緊急権は、戦争や大災害など国家の存立が脅かされるような緊急事態が起こったときに、権力者に権限を集中させる仕組みである。東日本大震災の後、国家緊急権を求める意見が高まり、政界からも待望論が強まって、その議論は改憲論にまで飛び火した。この動きは明らかに方向を見誤っている。

諸外国の災害法制と比較してみると、日本の災害法制は抜きん出て充実している。ドイツやフランスなどヨーロッパ諸国は有事法制を流用しているに過ぎないし、韓国では災害法と軍事法が混在し混乱している。アメリカ合衆国の法制はもともと災害に特化した法律だったが、９・11以降にテロ対策も含めるようになってから質が格段に質が落ちた。有事法制と自然災害法制は区別するべきで、両者を束ねようとする立法論には注意が必要である。法哲学者の尾高朝雄（東京大学、１８９９年〜１９５６年）は、「国家の生命を保全せねばならぬ、という何人も肯《うけが》わざるを得ない主張の蔭には、国家緊急権の旗旌をかざして国家の運営を自己の描く筋書き通りに専行しようとする意図が秘められ易い」と述べた。今、まさにその動きがある。日本の災害法制の劣化を防ぐためにも、国家緊急権導入の主張の意図には注意が必要である。

（津久井進）

14 福島・東日本の復興と再生可能エネルギー体系への転換

(1) 深刻化する温暖化・気候変動と迫られる温室効果ガス排出削減対策

日本ばかりでなく世界各地で大雨・洪水、干ばつ、台風、熱波・寒波など、さまざまな異常気象に見舞われ、「温暖化」という言葉が日常化するほどに、温暖化・気候変動問題は年々深刻化しつつあるのが、実感される状況になってきている。ＩＰＣＣ（国連環境計画と世界気象機関が設置した温暖化・気候変動問題に取り組む科学者・専門家組織）の第5次報告書（２０１３〜14年公表）は、このような温暖化・気候変動に対する人為影響は明らかで、気候変動によるリスクを対応可能な程度に止めるには、平均気温を２℃未満に抑制する必要があるとし、そのためには２１００年までに温室効果ガス、とくにCO_2の排出量をゼロにしなければならないと指摘している。

ＩＰＣＣの指摘を踏まえると、化石燃料利用の火力発電、つまりは化石燃料利用の熱機関というエネルギー変換技術からも脱却すべきといえよう。18世紀に始まった熱機関の開発利用以来、これまで人類は大気圏をCO_2の捨て場にして、化石燃料利用の熱機関を賞用してきたが、それが不可能になってきたのである。安全で永続的なエネルギー体系のためには資源環境と廃棄物環境が不可欠であるが、原発も化石燃料利用の熱機関も廃棄物環境の見通しが立たなくなってきたといえる。そうだとすれば再生可能エネルギー中心のエネルギー体系の構築をめざさねばならない。筆者は、震災研の前報（『東日本大震災　復興の正義と倫理』、クリエイツかもがわ、２０１２年）で、かかるエネルギー体系の枠組みについて提示しておいた。

(2) 驚くべき勢いで普及する再生可能エネルギー

設備容量の前年比増加率の推移をみると、図１のように、世界全体では、風力は20~40%、太陽光は20~80%という驚異的なペースで増え続けていて、２０１３年の発電容量は風力約３億２０００万kW（ＮＥＤＯ資料）、太陽光約１億１０００万kW（ＩＥＡ資料）に達している。

日本はどうか、２０００年頃までは風力も太陽光も世界を上回る急激なペースで増えていたが、２００２年にＲＰＳ法が制定されて以後増加率は減少し続け、とくに風力は最近数年はほとんど増えない状況になっている。太陽光の方も減少が続いたが、２００９年に余剰電力買取制度（太陽光発電だけが対象の制度）が制定されて増加に転じ、さらに２０１２年に施行された

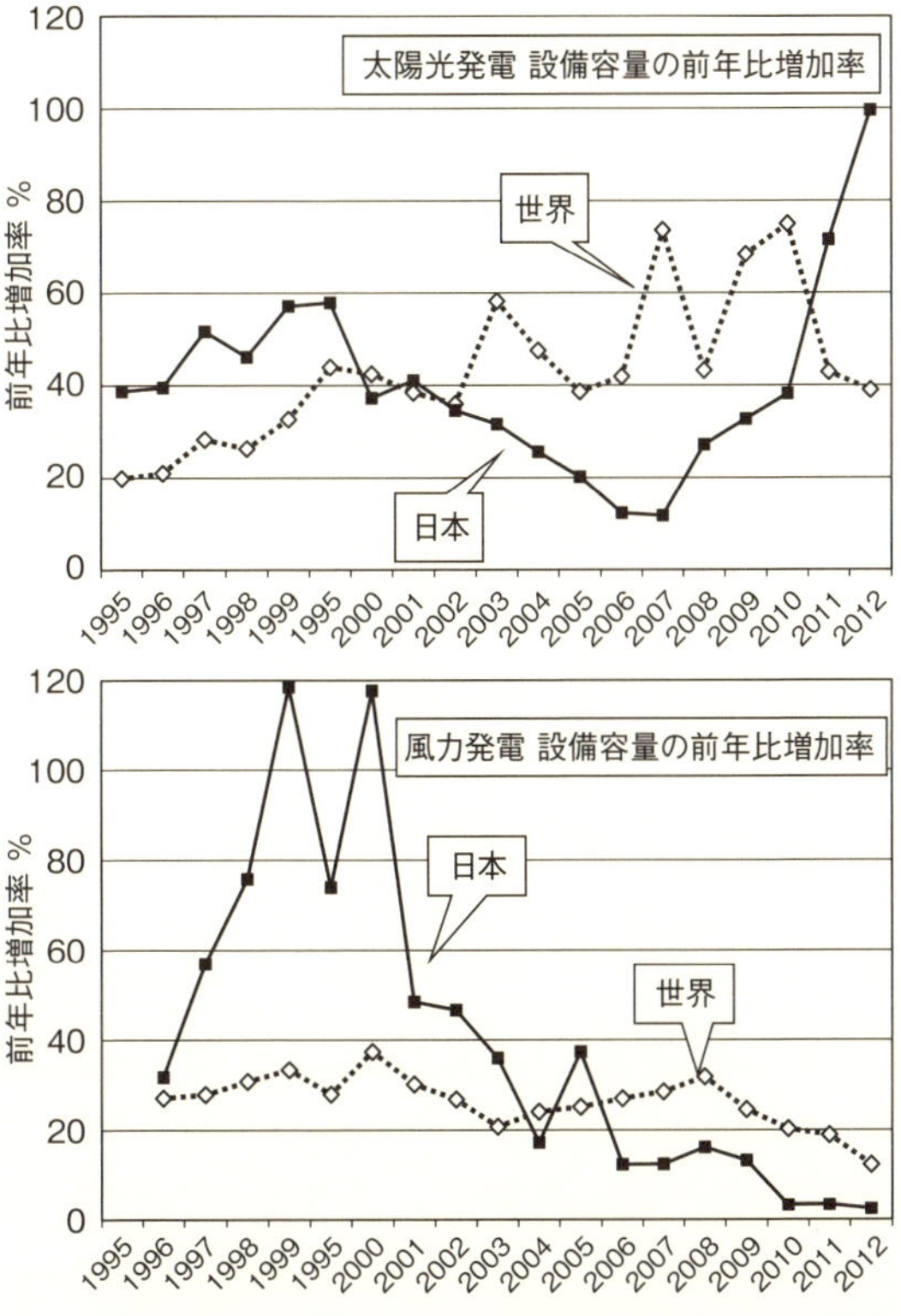

図1 風力発電および太陽光発電設備容量の前年比増加率の推移

固定価格買取制度（ＦＩＴ）により、世界を上回る急増ペースになっている。しかしＲＰＳ法下でのペースダウンがひびき、日本の設備容量は世界の趨勢からは遅れをとっており、ＦＩＴによる普及拡大が期待される。この制度をいっそう効果的なものにするために電力会社も工夫する責務がある。

【ノート】ＲＰＳ法（電気事業者による新エネルギー等の利用に関する特別措置法）は電力会社に新エネルギーの利用を義務付けた制度であるが、その利用目標も購入価格も非常に低く設定され、ＲＰＳ法は事実上新エネルギーの普及を抑える働きをした。ＦＩＴ法制定でＲＰＳ法は廃止された。

(3) 急速に広がっている市民主体、地域コミュニティ主体の再生可能エネルギー利用

国や行政が的を射た施策を行えば、再生可能エネルギー利用は急速かつ広汎に普及してゆく、大きな潜在力がある。ＦＩＴの効果はその一端を示している。

再生可能エネルギー利用の動きの中で最も注目されるのは、市民、生協や農民組合などの諸団体、あるいは市町村自治体や地域コミュニティが主体となって進められている、再生可能エネルギー利用の活動である。その活動形態も、また対象も風力発電や太陽光発電はもとより各種バイオマス、小水力、地熱など多種多様で、東日本被災地でも全国各地でも毎日のように新たな取り組みが生まれており、そして互いの活動の交流や学習を行う、全国規模の集会や研究会も開かれてきている。重視されるべきは、これらの活動は単に再生可能エネルギーを活用するだけでなく、農林水産業や地場産業とリンクし、そこに住む人々が自ら参加することで元気とやりがいを見出し、過疎や高齢化で悩んでいた地域の活性化をもたらす活動、生産と暮らしに展望をもつことができる総合的な取り組みになっていることである。さらに注目すべきは、

原発事故災害で地域も生活も破壊された福島をはじめ、原発の膝元にある柏崎や玄海地域でも、再生可能エネルギー利用を通して、原発に頼らない、自分たちのまちづくりをめざす、という取り組みが始まっていることである。

(4) 再生可能エネルギー利用でこそ安全・環境保全の持続的エネルギー社会が展望できる

人々の暮らしや農林水産活動の現場からの、いわば草の根からの再生可能エネルギーへの取り組みが、このように急速かつ広汎に広がり、しかも取り組んだ人々が元気になりやりがいを感じられるのはなぜなのだろうか。陽光、風、川や谷の水流、温泉、山林の樹木、農林水産業の収穫物など、そこに暮らす人々が生まれ育ってきた環境の資源、そしていまの暮らしのために、地域の人々やコミュニティが必要とする資源、再生可能エネルギーが必要とする資源は、それらと同じものであるからであろう。全く異質の物質・エネルギーを持ち込み、住民を排除しないと利用できない原発とは、およそ対極にある再生可能エネルギーである。

住民主体、地域主体で進める再生可能エネルギー利用、それは農林水産業や地場産業とリンクすることによって被災者の生活再建、被災地の復興に向かう大きなポテンシャルを有している。すでに各地で自主的取り組みは進んでいる。こうした動きを大きなうねりとするような地域政策、それは福島・東日本の復興政策の重要な柱の1つとなり得よう。そしてそれは、差し迫っている安全問題、廃棄物環境問題に対応するために、避けては通れない脱原発、脱化石燃料という課題、それにも応える道でもある。

(西川榮一)

多発する豪雨災害（和歌山県）

III

災害多発社会への備え

1　現代技術都市と災害への備え

(1) 阪神・淡路大震災に見舞われた現代技術都市

阪神・淡路大震災の特徴の1つは、さまざまな技術システムが高度に集積した現代技術都市ともいうべき大都市が大地震に直撃されたことであった。交通輸送、通信、電気・水・燃料、食料や生活必需品の供給、廃棄物・下水の処理処分、教育、医療、文化、スポーツ、レクリエーションなどなど、現代の都市は産業活動も市民の生活も、必要なほとんどのものを人工の技術に依存し、それら技術が互いに連携され複雑にシステム化されている世界、それが現代技術都市である。大震災によってそれらの多くが機能しなくなり、都市活動も市民の生活も維持不能に陥った。高集積技術都市は長年にわたる過去の生産成果の蓄積からなっているから大震災による損害は甚大なものとなり、復旧に巨額の費用を要した。

技術を開発し利用する都市や市民は、それらの技術が正常に機能している限りは便利で密度の高い活動が展開できるが、それらの技術が損傷し機能しなくなると深刻な被害をこうむる、このことを思い知らされたのが阪神・淡路大震災であった。技術システム化された社会の安全管理、災害への備えの重要性、阪神・淡路大震災が提起した、現代技術都市に対する大きな課題であった。

(2) 技術システム化の進行と地震の動向

高速自動車道路網、新幹線鉄道網、大型港湾、航空等の交通輸送施設、臨海域のコンビナート生産施設や電力・燃料貯蔵供給施設、巨大高層ビルや地下街、水・燃料・電力や食品・物流などの送配給施設、廃棄物関連施設、高速情報通信システムなどなど、いまや日本は、とりわけその生産経済分野は、海外にまでネットワークが拡張され、24時間休むことなく活動する技術化社会になっている。技術システムでは通常自然界に存在しないような性状、形態、量のさまざまな物質・エネルギーを利用したり作り出したりしている。とくにエネルギー関連施設、高速交通輸送機関、石油・化学関連施設などは大量のエネルギーを内包しており、それらが制御不能な状態で環境に解放されれば、甚大な災害を引き起こす恐れがある。その最たるものの1つは原子力発電施設である。

このような技術システム化、その多くは1950年代以降に構築されてきた。日本は地震多発国であるが、地震発生と技術システム化の進行との時系列をみると、図1のようであり、巨大施設や原発の開発利用が進められた時期は大地震の空白期に当たっていた。1950年代からおよそ

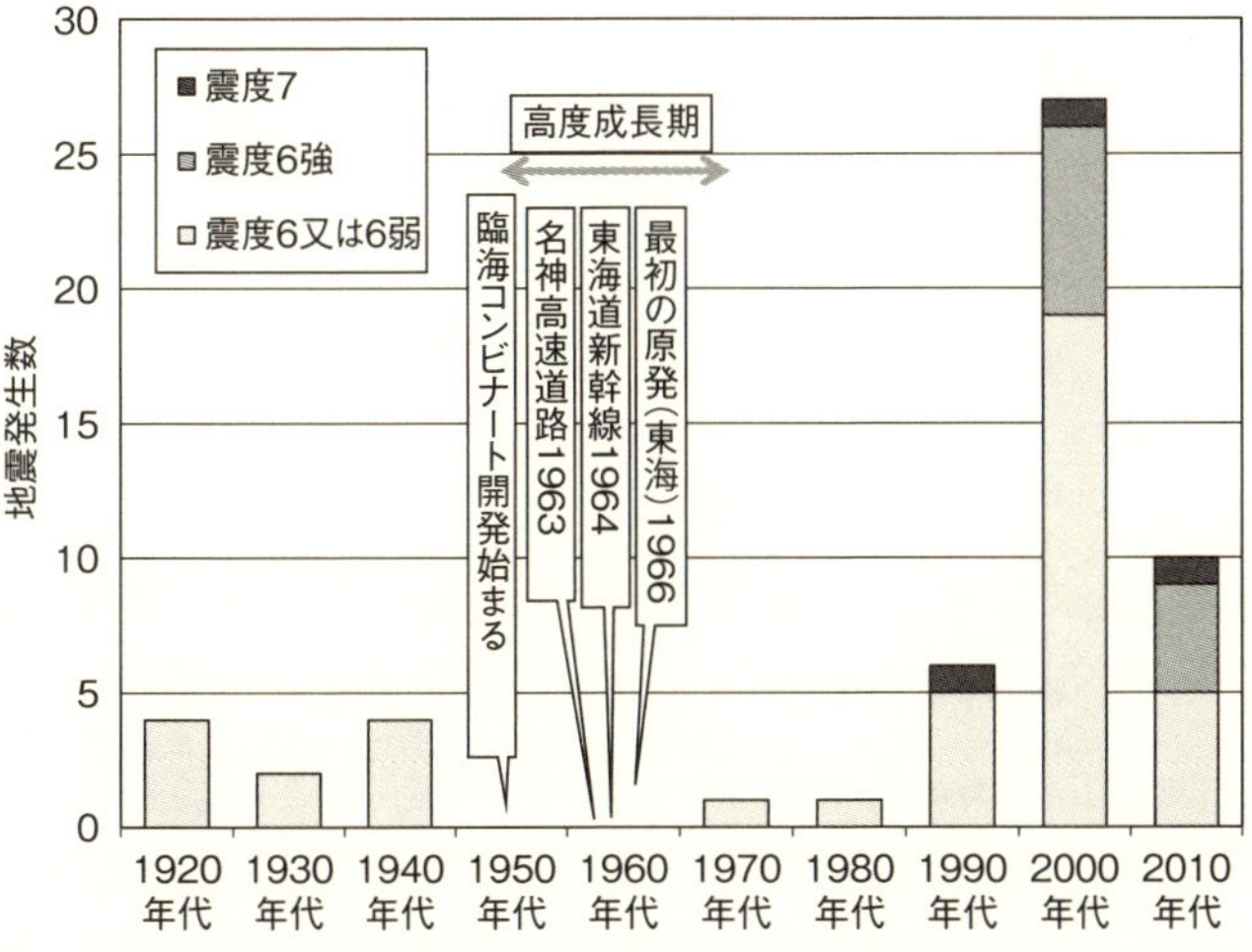

図1　1923年以後の震度6または6弱以上の地震発生数（気象庁資料）

40年、この偶然の地震空白期に技術システム化が急速に進められた。

しかしながらそのような〝幸運な〟偶然はいつまでもは続かない。阪神・淡路大震災の頃から地震活動期に入ったと言われ、実際、図にみるように大地震の発生頻度が増加してきており、それとともに技術施設が地震に見舞われる事態が次々と生じてきている。大規模停電など技術システムの災害はさまざまに生じているが、原発、新幹線を例にとれば表1のようである。

(3) 増大するリスクと急がれる安全管理

技術の開発利用に伴う災害ポテンシャルとして主に3点が指摘されよう。

①技術を開発し利用すること自体に伴うリスク

事故ゼロ、絶対安全の技術は存在せず、また新しい技術には未経験の新しい事故が生じ得る。技術の開発利用には必ず人が介在するが、人が

表1 阪神・淡路大震災以降原発、新幹線が受けた主な震災

地震概要	原発（●）新幹線（▲）の被災
兵庫県南部地震 1995/1/17/05:46 M7.3、震度7、直下型	▲山陽新幹線 始発前の地震で営業運転列車はなかった。山陽新幹線、高架橋の倒壊や落橋、損傷、トンネル覆行の破壊など多数の被害
宮城県沖地震 2003/5/26/18:24 M7.1、震度6弱	●東北電力女川原発 設計基準上回る地震動
新潟県中越地震 2004/10/23/ M6.8、震度7、直下型	▲上越新幹線営業列車脱線 交差断層が活動し、4つのトンネルで覆行破壊など大きな被害を受けた。電柱などの損傷多数
能登半島沖地震 2007/3/25/09:41 M6.9、震度6強	●北陸電力志賀原発 設計基準上回る地震動
新潟中越沖地震 2007/7/16/10:13 M6.8、震度6強	●東京電力柏崎刈羽原発 設計基準を大きく超える地震動を受け、過酷事故は起きなかったが多数の損傷が生じ、長期に運転停止状態が続いている所へ福島第一原発事故が生じた
東北地方太平洋沖地震 2011/3/11/14:46 M9.0、震度7、海溝型	●東京電力福島第一、東北電力女川、東海第二原発 設計基準を上回る地震動と津波。福島第一では炉心溶融、甚大な放射能汚染をもたらし、事故収束の見通しも立たず、対応不能状態が続いている ▲東北新幹線 移動中の1列車脱線。高架橋の落橋はなかったが損傷やずれが生じた。電架柱折損多数。変電設備損傷多数

ミスをし事故になる可能性がある。技術災害ともいうべき①のリスクはきわめて重大である。スリーマイル島原発事故、チェルノブイリ原発事故はいずれも技術災害、日本でもＪＣＯ臨界事故が生じている。日航機の御巣鷹山事故から30年になるが、この30年のCRED/EM-DAT（世界中の大きな災害に関するデータベースセンター）の統計によれば、ＪＲ西日本福知山線事故など大きな技術災害は日本で41件、その他にも大規模停電事故などが生じている。

②地震などの外乱によって技術が損傷するリスク

地震や津波、極端な気象現象など自然的ハザードが最も重要だが、技術化社会では他の事故の影響など社会的ハザードによるリスクもある（たとえば１９９９年、埼玉県狭山市で航空自衛隊機が墜落の際、送電線を切断し大規模な停電事故が発生した）。

③技術の開発利用が引き起こす環境破壊によるリスク

いかなる技術も外界（資源環境）から資源・エネルギーを採り込まねばならないし、取り込んだ資源・エネルギーは製造過程や使用で無用なものに変化するから外界（廃棄物環境）へ捨てねばならない。技術を開発利用するには資源環境、廃棄物環境が不可欠であるが、その資源採取、廃棄物放出による環境破壊でさまざまな被害が引き起こされてきた。いま最も深刻な問題は温室効果ガス放出による温暖化・気候変動であり、これが原因で異常気象や地球の生態系変化を引き起こし自然ハザードとなって②のリスクを増大させ始めている。技術の開発利用がもたらしたリスクが、またその技術利用のリスクを増大させるという、リスクがリスクを呼ぶ状況が生じているわけで、技術システム化社会にとっては重大な事態といわねばならない。

〈安全に係る技術の開発利用の原則〉

完全技術、絶対安全の技術はつくれず、外乱をすべて排除し続けることも困難であるから、安全のためには技術の開発利用に際して次の原則が守られねばならない。

原則A　性能限界を使用規制でカバーする

原則B　対応不能な事故が予測されるような技術の開発利用は行わない

(4) 技術化社会の災害防止に係るいくつかの課題

技術システム化が進行するほどリスクは多様化し災害規模は大きくなる。地震をはじめ、異常気象など自然ハザードが増加してきているのだから、災害への備えとともに、不断に技術の開発利用のあり方をモニタリングして上記の原則が守られる、そのような安全管理体制の構築が重要課題になってきている。都市を1つの技術システムと見る視点に立って、その災害ポテンシャルを把握する総点検を行い、それに基づく災害防止および安全管理の体制構築を急ぐ必要がある。

また高速道路網、地下街、高層ビル、臨海コンビナート、電力や燃料の供給システム、石油・LNG・化学物質の集積ヤードなど、災害になれば甚大な被害につながる巨大技術システムについても、技術の開発利用に係る安全原則の視点から、点検と災害対策、安全管理の仕組みの整備が必要である。ここではいま大きな論議になっている既設原発およびリニア中央新幹線について少し触れておきたい。

〈既設原発は再稼働せず、廃炉計画を急ぐこと〉

安全に係る技術利用の原則に立てば、既設原発の再稼働はするべきでなく、廃炉計画をこそ急ぐべきであろう。その理由を2点述べておこう。

第1に、福島第一原発事故は、いまだに放射性物質の漏出が続いているし、事故の実態解明にも手がつけられない状態である。福島原発事故の被災実態をみると過酷事故は対応不能の大災害を引き起こすと見ざるを得ず、原発の開発利用は既述の技術の開発利用に関する原則に反していることが明らかになったわけで、既設原発は、過酷事故を絶対に起こさないと保障されない限り、再稼働は許されない。しかしそれは事実上不可能である。図1から見て既設原発は、地震に見舞われる可能性は今後増えてくるだろう。新規制基準による審査は、過酷事故の絶対安全を保障していない。

第2に、原発は廃棄物環境が存在せず、技術利用の根本的要件を欠いている。

〈リニア中央新幹線建設計画は白紙に戻すべき〉

地震に対してＪＲ東海や国交省は、リニア中央新幹線はガイドウエイに囲まれているので脱線はない、阪神・淡路大震災以後耐震対策を強化しており、東日本大震災でその効果が確認された、地震対策は確立しているという。しかし予定ルートは多数の活断層と交差し、70％がトンネル区間であり、考慮すべきは直下型地震である。トンネルは地震に強いといわれるが、それは海溝型などの地震動に対してであり、断層ずれを伴う直下型地震に対しては確かな耐震対策は見つかっていない。リニアは、10㎝程度の隙間で左右、底面をガイドウエイに囲まれた閉空間の中を時速５００㎞で疾走する。ガイドウエイはコンクリート製の構造物であり、これが直下型地震で変形や損傷すれば、衝突の危険が生じる。リニア中央新幹線は地震問題１つみても技術利用の安全原則を守れないと考えられる。計画は白紙に戻すべきである。

（西川榮一）

2　牙をむく自然／多発する豪雨災害

(1)　牙をむく自然

２０１４年8月に局地的な集中豪雨により兵庫県丹波豪雨被害、広島土砂災害が生じ、多くの犠牲者が出た。このような局地的で短時間の記録的集中豪雨は、日本列島のどこでも生じており、最近の豪雨災害の特徴をなしている。最近の近畿地方の豪雨災害を見ると、２０１１年９月４日の台風12号により紀伊山地では連続雨量１６００ミリ以上にも達し、１５０か所以上にも及ぶ深層崩壊を含む斜面崩壊、土石流が発生し、死者73人、行方不明19人もの犠牲者を出した。２００８年７月28日、河床勾配が６％と高い兵庫県神戸市の都賀川で、30分で38ミリの豪雨があり、10分間で１・３メートルの高水位が生じて５人が犠牲となった。都賀川は親水公園となっており、土砂災害警戒区域（土石流）に指定されていた。２００９年8月9日、兵庫県佐用町では台風９号による24時間で３２７ミリの豪雨で千種川が氾濫し、死者・行方不明者20人もの犠牲者を出した。

このように、最近の日本列島では豪雨被害が多発し、自然が牙をむきだしたとも言える。どのように対処すればよいのだろうか。最近の広島土砂災害、丹波豪雨被害などについて災害の基礎的な事象説明を中心に据えて報告するとともに、対処する方法を検討する。

(2) 広島土砂災害

広島土砂災害では、土石流が１０７件、土砂崩れが59件生じた（国土交通省、９月19日）。土石流が発生したとみられる８月20日の午前１時から４時に１５０ミリを超える豪雨があった（気象庁気象研究所、８月21日）。この集中豪雨地と土石流が発生した場所はほぼ一致している（京都大学防災研究所、９月１日）。なお、避難勧告は土石流発生後の午前４時15分と遅れた。土砂災害が生じた安佐南・北区は風化した花崗岩からなるまさ土からなっており、豪雨で崩れやすい性質を持ち、崩れた大量の土砂が溜まっている。これが土石流を多発させた地質要因である。また、宅地を見ると、被害が大きかった安佐南区八木地区などは過去に何度も土石流が襲い堆積した小型の扇状地の扇頂部に位置している（図１参照）。

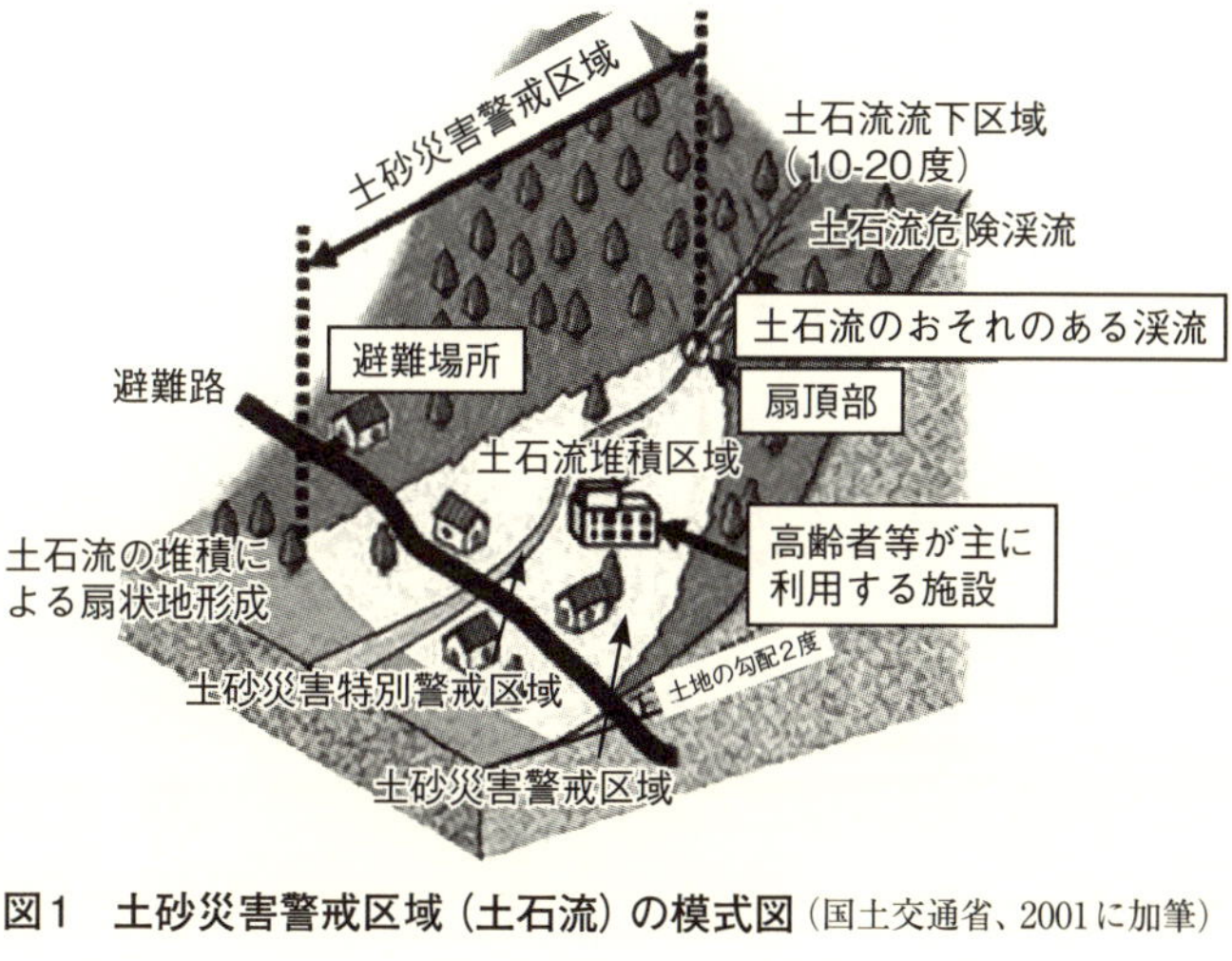

図１　土砂災害警戒区域（土石流）の模式図（国土交通省、2001に加筆）

(3) 広島土砂災害地と六甲山地の危険度比較

広島土砂災害では、もろいまさ土地盤、短時間の集中豪雨、山麓部の危険な土砂災害警戒区域の開発などが甚大被害の要因となった。一方、六甲山地は断層で割れ目が発達し、雨水が深部まで浸み込みやすく、山の深部まで風化し、広島土砂災害地より厚いまさ土で覆われた山なのである。さらに断層による隆起山地のため、広島土砂災害地に比べ勾配30度以上の危険な急斜面や勾配の急な河川が多く発達しており、土砂崩れや土石流が発生しやすい状況にある。また標高は六甲山地が９３１メートルと、広島土砂災害地の阿武山の５８６メートルより高く、土石流が生じやすい奥行きの深い谷が多く、土砂災害警戒区域も多く選定されている。さらに、六甲山麓部の危険地域には住宅が密集して建ち、現在では３４０メートルまで開発されている。また、海が至近に位置し、海からの湿った空気がぶつかり、山の斜面で上昇し、積乱雲群が発生し、短時間での豪雨が発生しやすい条件にある。このように六甲山地は広島土砂災害地に勝るともおとらぬ危険な状況にあり、大雨が降れば六甲山地ではさらに大きな土砂災害が想定される。

(4) 土砂災害警戒区域（土石流）

土石流は川の勾配が高く、土砂が多く溜まっているところで発生しやすく、何度も同じ渓流で発生する。渓流の出口では土石流が何度も堆積するため高まりができ（沖積錐）、その結果扇状の地形ができ、危険性がきわめて高いのである。渓流出口の扇頂部から下流で勾配が2度以上の区域が土砂災害警戒区域（土石流）（図1）として選定される。黄色に塗られるので通称イエローゾーンと呼ばれ、行政は住民に土砂災害情報などの伝達や、ハザードマップによる避難場所などの周知の徹底が義務づけられる。さらに土石流の移動が住民の生命または身体に著しい危害を生じる恐れのあるところ（谷の本筋など）は土砂災害特別警戒区域（通称レッドゾーン）となり、開発行為が制限され、時には移転が勧告される。広島土砂災害地の安佐南区などはイエローゾーンになっているが、その多くが宅地にされている。六甲山地でも同様で、たとえば住吉川、六甲川、石屋川の出口付近が宅地となっている（神戸市、２０１４）。最近では危険な土砂災害警戒区域の宅地化が進行し、防災が開発に追いつかないのが現状である。

阪神大水害を受けて、国は六甲砂防事務所を設立し、約４５０か所以上の砂防堰堤を建設し今後も建設予定である（六甲砂防事務所、１９９０）。しかし、この砂防堰堤の多くはあいつぐ土石流の発生でその

●まさ土とは

まさ土とは花崗岩類が風化してもろく砂状となり、その場所に残留している残積土を主に指しているが、それらが崩れて堆積した崩積土も含まれる。花崗岩類は粗い長石、石英、雲母などからなるが、割れ目に沿って雨水が浸透し、斜長石のカルシウムや黒雲母の鉄などが溶脱し、バーミキュライトなどの粘土鉱物に変わる風化作用が進行し、砂のような状態になる。各鉱物は物性が異なるため、鉱物間の結びつきが簡単にはずれバラバラとなり、砂状になるのである。風化程度により岩石様から粘土様のものまで幅がある。

まさ土は粗く水を通しやすい性質を持っているため、大量の水を地下に浸透させるが、水の量が限界を超えると排水ができなくなり、表面流が発生するとあっけなく崩れ、表層崩壊が発生する。また、崩れた土砂は厚く溜まっている。これが今回広島土砂災害地で短時間豪雨により土石流を発生させた主な要因と考えられる。

●土石流とは

土石流は水と土砂が混ざり一体となり、あたかも生コン状態で流れる。土石流は流木や岩塊などを含み、大きな音と震動を発し、しかも、先頭に２mを超す大きな巨れきが集中し、盛り上がり、猛烈な速度で流れ、直進しやすいのである（地質ボランティア、1995）。そのため、浸食力が大きく、流動に伴い川に堆積している土砂を巻き込み、体積が増大していく。このような性質のため土石流は猛烈な破壊力を持ち、秒速20mにもなり、発見してからでは逃げられない。土石流は崖崩れなどが引き金となり、崩壊した土砂が川の水とともに一気に流れ発生するケース、兵庫県丹波市や広島市での土石流はこのケースになる。また、崩れた土砂が川をせき止め、湖をつくり、せき止めが崩れ土石流となる場合もある。あるいは渓流に堆積した土砂が豪雨などで移動し、土石流となる場合もある。丹波豪雨災害では崩壊土砂が渓流の途中でとどまっているところが見られ、２次災害が心配される。

多くが満杯状態である。他の河川も同じ状況にあり、砂防堰堤があるから大丈夫とはいかない。

(5) 丹波豪雨被害

兵庫県北部では2014年8月16〜17日に断続的に雨が降り、兵庫県丹波市柏原町では24時間で258ミリ(神戸新聞、8月21日)、同市市島町では17日の午前2〜3時に91ミリ、前後計3時間で176ミリを観測した。この豪雨はこれまでの降雨で土壌雨量が一杯に押し上げられた後の豪雨、すなわち後期集中型であった。この豪雨で、市島町では土砂崩れが72か所発生した(図2)(兵庫県、9月6日)。うち26か所は土砂災害警戒区域外のところで起きている(神戸新聞、8月21日)。兵庫県は2万か所ある土砂災害危険か所を総点検するとしているが、危険か所以外でも崩壊が生じており、対策の難しさを示している。

家屋は全壊が14棟、大規模半壊が11棟、半壊が38棟、床上浸水239棟、床下浸水1387棟にも達し、死傷者が5人も出た(丹波市、8月31日)。被害は市島町など五台山の山麓北部で生じており(図2)、全半壊の多くが前山地区に、床上浸水の70%、土砂崩れの56%が市島地区に集中した。また、五台山を挟んで西側の氷上町香良でも岩瀧寺渓谷が大きな被害を受けた。この現象は日本列島の停滞前線に向かって南西方向へ湿った大気が流れ込み、標高600メートルの五台山にぶつかり、豪雨をもたらしたためと思われる(丹波新聞、8月19日)。

図2　丹波市市島町で起きた土砂崩れ状況

(国土地理院、8月19日)

土砂崩れは斜面傾斜が30度以上で、水が集まりやすい奥行きの深い谷で多く生じているが、今回は従来崩壊しにくい浅い谷でも崩壊し、思わぬところで被害が出ている。

(6) 大型市町村合併での避難

丹波豪雨では8月16日15時35分に大雨警報（浸水害）と洪水警報が発表されたが、避難勧告は17日2時0分と遅れた。丹波市は２００４年に６町合併で生まれ、４９３平方キロと広く、しかも局地的な集中豪雨で、被害地が市役所本庁のある氷上町から隔たっているため現地状況が見えづらく、避難勧告が遅れたのである。同じことは兵庫県の佐用豪雨や紀伊半島豪雨、広島土砂災害でも見られ、大型市町村合併での避難勧告の困難性があぶり出され、大型合併での防災体制が問われた災害とも言える。（田結庄良昭）

【参考文献】

・地質ボランティア（１９９５）あなたもできる地震対策、せせらぎ出版。
・神戸市（２０１４）土砂災害・水害に関する危険予想箇所図。
・国土交通省（２００１）土砂災害警戒区域等における土砂災害防止対策の推進に関する法律の説明書。
・六甲砂防事務所（１９９０）六甲砂防50年記念誌。

●土砂崩れとは

土砂災害警戒区域（急傾斜地の崩壊）の指定は斜面の傾斜が30度以上、高さが5ｍ以上で、急傾斜地の上端から水平距離が10ｍ以内の区域、急傾斜地の下端から急傾斜地の高さの2倍以内の区域で、5戸以上の家屋がある場合指定される。崖直下のより危険な所は土砂災害特別警戒区域となる。土砂崩れは斜面上方の亀裂や斜面のふくらみ、せり出しが崩壊の前兆となる。さらに、湧水が濁ったり、小石がパラパラ落ちだすと崩壊が近いことを示している。

3 牙をむく自然／火山活動

(1) 活発化している火山活動

日本列島では阿蘇山、草津白根山、富士山など活火山の活動がさかんとなってきている。そこに、２０１４年９月27日に突然木曾の御嶽山で水蒸気噴火がはじまり、多くの犠牲者が出た。同じ噴火警戒レベル３とされている火山には桜島や口之永良部島がある。最近の火山災害をみると、２０１１年の霧島山新燃岳での噴火、２０００年の三宅島の火山ガス大量発生での全島避難、２０００年の有珠山の噴火、１９９５年の焼岳での水蒸気噴火、１９９１年の雲仙・普賢岳では溶岩ドーム崩落による火砕流が発生し、44人もの犠牲者が出た。

(2) 御嶽山火山災害

２０１４年９月27日、木曾の御嶽山で突然の水蒸気噴火が生じた。噴煙は７０００メートルにも達し、低温の火砕流が斜面を駆け下り、多くの人が犠牲となった（朝日新聞、９月28日）。水蒸気噴火とは地下水がマグマに熱せられて生じる。もし、マグマ噴火であれば、マグマ破片が空中に出て急に冷えてできる透明なガラス質の物質が観察されるはずであるが確認されなかったのである。また、マグマ噴火であればマグマが地下から上昇した時に地表が隆起する地殻変動があるが、これがきわめて弱かったのである。この水蒸気噴火、すなわちマグマにより地下水が液体から気体へと沸騰することにより急激に膨張し（約1000倍以上）、そのため爆発が生じ、岩石が粉々となり細かい火山灰として降り注いだのである。火山灰は31人が心肺停止状態で発見された頂上付近と山の南側の地獄谷付近では数十センチの厚さに達したが、山全体でみれば限られた場所であった（朝日新聞9月29日）。また、岩石片である噴石も大量に降り注ぎ、登山者を直撃し、これがさらに犠牲者を増やした。流れ下る噴煙は火山ガスと火山噴出物が一体となって広がる火砕流を形成した。この火砕流は100度以下で、南西方向に3キロメートル流下し、この付近でも犠牲者が出た。さらに、9月30日現在では、北西側にも見られ（静岡大学小山教授談話、10月1日）、噴煙柱が上昇途中で崩壊する火砕流が生じた可能性がある。火山噴火予知連絡会（藤井敏嗣会長）は火山活動の今後として、噴煙が活発に出ており、火山性地震も多いことから、今後も同程度の噴火、火砕流の可能性があるとしている。予知連は今回の噴火での噴出物の量は数十万から200万トンで、1

●火山灰とは、火山噴火のメカニズム

火山灰とは何なのか、意外とその成因や機構は複雑である。火山灰とは直径が2㎜以下の破片からなる火山砕屑《さいせつ》物を称する。マグマは上昇すると圧力が下がり、マグマ中にとけ込んでいた水は水蒸気となり泡立ち（発泡現象）が生じる。発泡が起こるとマグマの体積は急激に膨張しマグマの密度は低下して軽くなり、さらに上昇しする（鎌田、2007）。マグマが地上に近づくと発泡した泡は破壊される。そして、これら引きちぎられたマグマと水蒸気などのガスが火山爆発として一気に高温で大気中に噴出し、大気中で急冷したマグマの泡の破片が火山灰の主体なのである。火山噴火で周囲の大気は高温となり、軽くなり、噴煙柱は上昇しやすくなり、時に数千mから1万m以上の高層まで上昇する。このように、火山灰は発泡したマグマの泡が破砕されて生じたものであり、引きちぎられたマグマ破片で、火山噴火に伴い形成される。

979年噴火と同規模としている。なお、1979年の噴火では1日で終了した。火山性微動は9月30日でも大きく、再び同程度の噴火が起こる可能性がある。水蒸気噴火の場合、マグマが地表の浅いところには到達していず、その後の活動は長続きしないとする専門家とマグマ噴火に移行する可能性もあるとする専門家があり、予断を許さない状況にある。また、有毒ガスなどにも要注意である。さらに、今回噴火は予知できなかったが、気象庁は噴火警戒レベルの情報伝達に工夫があってもよいのではとの見解を示し、改善の余地を示唆している。

(3) 火山噴火予知

マグマが上昇すると、その熱で地下の温度が上昇し、地下水が沸騰し、水蒸気噴火がまず生じる。さらにマグマが上昇し、地下水に触れると、マグマ水蒸気爆発が生じ、火山灰が水蒸気と一緒に爆発的に噴出する。発泡したマグマは膨張し軽くなり、火道を上昇し、地上に一気に噴き出し、マグマ噴火となる。マグマが上昇することにより周囲の岩石を破壊し、微小地震が生じる。また、山体は膨張するので、山腹傾斜が増大する。マグマ噴火終了後はマグマの一部が噴出するため、マグマ溜まりの規模の縮小や下降が生じ、山体の縮小が生じる。このような変化を地震計や傾斜計などでとらえて火山活動の推移をつかみ、過去の噴火史とあわせて今後の火山活動の判断材料とするのである（産業技術総合研究所、2004）。

今後、御嶽山は水蒸気噴火の繰り返しで終息するのか、さらにマグマ噴火を経て終息するのか、判断は難しい。いずれにしても、火山活動の今後はマグマの動きをとらえ、それを追跡しなければ終息予測は立てられないが、その動きを正確にとらえるのは現在の技術では困難なのである。

(4) 火山情報と噴火警戒レベルおよび土石流

活動中の火山では2008年に新たな火山情報が出された。それには5段階のレベルが設定されており、レベル5が避難、4が避難準備で噴火警報にあたり、3が入山規制、2が火口周辺規制での火口周辺警報にあたる。御嶽山はレベル3なので入山規制が出されている。なお、日本列島には現在110もの活火山があり、この中で何らかの観測が行われているのは半分程度である。活火山の中で、桜島のような噴火活動のさかんなAランクの火山が13あり、常時観測が行われている。そのうち、6火山にのみ火山観測所が設置されているのが現在の火山監視の実状である。

なお、火山灰は細かいため水を透過しにくく、山体に堆積した火山灰中には雨水が滞留し、水と混合して重力流となり、泥流や土石流を発生させる。また、火山灰は火山ガラスが多いため、水と容易に水和し、変質して粘土化し、膨潤性の高い粘土鉱物が生じるので、地すべりを発生させる。そのため、長期間の防災対策が必要となり、国の援助が欠かせない。

(田結庄良昭)

【参考文献】
・鎌田浩毅(2007)火山噴火、岩波書店。
・産業技術総合研究所(2004)火山―噴火に挑む―、丸善株式会社。

4 宅地開発と都市計画

兵庫県南部地震後、「復興」の名のもとに谷埋め埋土地など危険な所で、周辺住民の反対があっても数多くの宅地開発が行われている。また、兵庫県立こども病院では津波の危険性のある所への移転が行われている。以下に南海トラフ地震への備えの一助とすべく、危険な開発の代表的事例を報告する。

(1) 兵庫県立こども病院の移転

２０１２年2月、兵庫県は県立こども病院を現在の須磨区の高台から神戸沖を埋め立てたポートアイランド第２へ移転する事業案を提出し、現在その工事が進められている。県医師会はこの移転に強く反対している。また、兵庫県は２０１４年2月に県独自の南海トラフ地震による津波浸水想定を出し、ポートアイランドの一部が浸水することを報告している。兵庫県南部地震ではポートアイランドを含む神戸港周辺の護岸が液状化で約２ｍも沈下した（阪神・淡路大震災調査報告編集委員会、１９９８）。しかし、県独自の想定沈下量は兵庫県南部地震の約20％程度で、ポートアイランドの護岸沈下は想定していない。津波はポートアイランド北中部から浸入し、数十㎞の長い波が高速で陸上を遡上するため津波高が約１・５倍となり、大通りに集まり縮流となり、さらに津波高が増す。この遡上津波や引波がこども病院を襲う可能性が高いのである。また、津波火災の恐れもある。

兵庫県南部地震でポートアイランドは顕著な液状化被害を受けた。兵庫県南部地震では約13秒の揺れだったが、南海トラフ地震では3分を超える長い地震動継続時間のため、兵庫県南部地震を超える大規模な液状化が想定される。一度液状化したところは何度でも液状化する。液状化対策工事のあるポートアイランド第2でも長い地震動のため液状化が起きるであろう。液状化のために電気、ガス、水道などのライフラインは損傷を受け、長時間供給が停止される。兵庫県南部地震では1か月以上も影響を受け、中央市民病院の機能が長期間まひした。さらに、交通手段も問題となる。兵庫県南部地震では連絡橋が損傷し（阪神・淡路大震災調査報告編集委員会、1998）、一時孤島となった。震災後港島トンネルが造られたが、南海トラフ地震ではトンネル入り口は津波の浸水域に入り、トンネルは使用不能となり、再び孤立するであろう。行政は東日本大震災から何を学んだのであろうか。

(2) 谷埋め埋土地での宅地開発

兵庫県南部地震により兵庫県西宮市の谷埋め埋土地域で被害を受けたか所は94か所で、そのうち地すべり・液状化が確認されたものは56%にも及んだ（三田村・高泉、1997）。西宮市甲陽園では大規模な谷埋め埋土による宅地造成が行われ、集合住宅が建設された。造成地は主に風化が著しい花崗岩から成っている。また、近傍に甲陽園断層が分布するほか、敷地内にも断層が見られる。ここに

図1　谷埋め埋土地での宅地造成の状況、中央の凹部が水路で、盛土された

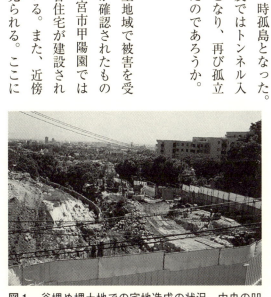

谷を埋めて水路を付け替えるなどして約2万㎡の敷地に集合住宅を建設したのである（図1）（佐藤・田結庄、2012）。この住宅建設に周辺住民は反対し、開発許可の取り消しを求めて開発審査会、神戸地方裁判所に提訴した（はり半跡地開発問題対策委員会、2008）。筆者も住民側の要請を受けて意見書を提出し、危険性を訴えてきた。開発地北縁部には断層があり、南縁部には破砕部が存在し、地下水位が高く、盛土内に地下水位が来るので、地震動で液状化が生じ、地すべりが発生する危険性があるのである。これらから、原告側は開発許可は違法と主張したが、裁判所は「断層は宅地防災マニュアルの審査の基準に断層がないこと、排水や地すべり対策工事も規定に適合している」と訴えを退けた。このように、防災上必要な対策をすれば、周辺住民の反対や防災上のリスクがあっても多くで開発が許可されているのが現状である。

(3) 地すべり地での宅地開発

兵庫県南部地震後、兵庫県神戸市の西岡本地区で地すべりが発生し、住宅十数戸が全半壊した（阪神・淡路大震災調査報告編集委員会、1998）。この地区は断層で隆起した所で、急崖が形成され、強風化したまさ土や土石流堆積物からなっており（図2）、不安定な地盤である。そこが、地震動によりすべり面のせん断強度が低下し、降雨に伴い地すべりが発生したのである。その後、地すべり指定地となり、自動監視システムを核として警戒避難態

図2　地すべり地での宅地造成の状況、先端部の崖が開発された

勢がとられた。そのような中、周辺住民の反対にもかかわらず、急崖付近が開発され、集合住宅が建設されたのである。なぜ、行政は開発を許可したのであろうか。

⑷ 土砂災害警戒区域（急傾斜地の崩壊）での宅地開発

兵庫県南部地震の強い地震動により六甲山地の山腹では約４５０か所で斜面崩壊などが生じた（田結庄・藤田、１９９６）。六甲山地は断層で隆起した山で、花崗岩が風化したまさ土からなり、降雨で崩れやすく過去に何回も土砂災害を起こしてきた。この危険な六甲山地が地震で緩み土砂災害の危険性が増加している。しかし、山麓の危険な斜面が「復興」の名のもとに開発されているのである。行政は山麓部の急傾斜地と住宅の間に「グリーンベルト」を設けて斜面災害などの緩衝地帯とする方向を示したが、神戸市灘区鶴甲や篠原、兵庫県の西宮や宝塚の山麓付近など、多くの所で行政が指定した土砂災害警戒区域（急傾斜地の崩壊）が開発されているのである。もう六甲山地の開発はやめるべきである。

（田結庄良昭）

【参考文献】
・三田村宗樹・高家志菜（１９９７）日本応用地質学会関西支部発表概要集、７～10頁。
・阪神・淡路大震災調査報告編集委員会（１９９８）兵庫県南部地震における被害、１～２８９頁。
・佐藤隆春・田結庄良昭（２０１２）地学教育と科学運動68号、11～22頁。
・はり半跡地開発問題対策委員会（２００８）http://space.geocities.jp/harihan1/
・田結庄良昭・藤田智子（１９９６）応用地質学会誌37、35～45頁。

5 阪神の教訓と東日本の復興

(1) 「見える」復興と「見えない」生活苦

兵庫県と神戸市は、2016年に日本で開催される予定の主要国首脳会議(サミット)を神戸市に誘致する意向を表明した。「阪神・淡路大震災から復興した姿を国際的にアピールする絶好のチャンス」と意義を説明している(「神戸新聞」2014年8月9日付)。サミット誘致そのものを否定するものではないが、この表明は市民の生活実感とずれているように感じられる。多くの市民は震災後20年たっても復興していない、むしろ神戸は衰退しているのではないかと懸念しているのではないだろうか。たしかに神戸の中心街は、新しい高層ビルディングが建ち並び道路もきれいに舗装され、きらびやかなショッピング店やレストラン街、明るいネオンサインなど震災などなかったかのような風情をかもしだしている。だが、外からは見えにくいが生活苦や貧困問題が、市民の生活に重くのしかかっている。表1のように、年間所得300万円以下の貧困世帯の全世帯に占める割合は、震災前の1992年の28・9%(全国25・8%)から2012年には40・4%(全国37・8%)へ増加している。他方、500万円以上の世帯は、同年の43・7%(全国51・1%)から34・7%(全国37・2%)へ減少し都市中間層の没落が見られる。貧困世帯の増加は、貧困化の指標でもある生活保護人員(千人当たり)の増加となってあらわれている。神戸市全体で1994年の15・0人が2010年には29・6人と約2倍に増加、特に長田区は同年の45・5人から同年の79・1人へと増加している（神戸市「神戸市統計書」）。貧困と絶望の行きつく先が自殺であるが、１９９９～２０１１年の人口10万人当たり年平均自殺者数は、神戸市22・28人で全国の25・32人よりも低い。だが区別でみると兵庫区34・23人、長田区29・68人と全国よりも高くなっている（厚生労働省「人口動態統計」）。

このような貧困世帯の増加と都市中間層の没落の背景には、第１に非正規雇用の増加がある。表２のように、神戸市の非正規雇用は、92年の11万人から97年の15万８０００人へ約５万人も増加している。その割合も、92年の19・６％から97年の28・１％へ８・５％も増加し、同時期の全国の３％増の約３倍もの高さである。95年の大震災後いかに非正規雇用が増加したのかがうかがえる。その後も増加し、２０１２年は

表1　神戸市と全国の階層別世帯所得

単位：千世帯

		総世帯	200万円以内	200-300万円	300-500万円	500-1000万円	1000万円以上
1992年	神戸市	494	84 (17.0%)	59 (11.9%)	134 (27.1%)	146 (29.6%)	71 (14.1%)
	全国	41,550	6,266 (15.1%)	4,459 (10.7%)	9,655 (23.2%)	15,384 (37.2%)	5,786 (13.9%)
1997年	神戸市	545	94 (17.2%)	56 (10.3%)	118 (21.7%)	188 (34.5%)	89 (16.3%)
	全国	45,686	7,094 (15.5%)	4,779 (10.5%)	10,337 (22.6%)	16,466 (36.0%)	7,010 (15.3%)
2002年	神戸市	642	160 (24.9%)	86 (13.4%)	141 (22.0%)	185 (28.8%)	70 (10.9%)
	全国	45,519	9,495 (20.9%)	6,176 (13.6%)	11,469 (25.2%)	12,473 (27.4%)	5,906 (13.0%)
2007年	神戸市	656	153 (23.3%)	97 (14.8%)	153 (23.3%)	178 (27.1%)	75 (11.4%)
	全国	50,585	10,228 (20.2%)	7,130 (14.1%)	12,231 (24.2%)	15,400 (30.4%)	5,596 (11.1%)
2012年	神戸市	678	162 (23.9%)	112 (16.5%)	169 (24.9%)	178 (26.3%)	57 (8.4%)
	全国	51,747	11,663 (22.5%)	7,941 (15.3%)	12,875 (24.9%)	14,601 (28.2%)	4,667 (9.0%)

資料　総務省「就業構造基本調査」各年版より作成

40・1％と全国の38・2％よりも高くなっている。2012年の「就業構造基本調査」では、非正規雇用の76・7％が年収200万円未満であり、非正規雇用のワーキングプアが社会問題となっているが、大震災はその先駆けとも言える。

第2に、失業者の増加である。神戸市の完全失業率は、総務省「国勢調査」によれば、1990年の3・9％（全国2・1％）から1995年の6・9％（全国3・2％）と増加し、その後も全国水準よりも高い傾向が続き、2010年には7・0％（全国2・1％）で震災前の状態に回復していない。第3に、単身世帯の増加がある。1990年の13万5172世帯から2010年に25万2415世帯へと増加している。とくに高齢者単身世帯が同年の3万2932から同年の8万4193へと増加している（総務省「国勢調査」）。このような市民の貧困化は、「創造的復興」の問題と深く関係している。以下で見てみよう。

(2) 「創造的復興」は「開発・成長型復興」であった

「創造的復興」は、「単に震災前の状態に戻す（復旧）のではなく、21世紀の成熟社会にふさわしい復興を成し遂げること」（兵庫県）であった。神戸市の「復興計画」（1995年6月）は、2005年を目標年次とする10か年計

表2　神戸市と全国の正規労働者、非正規労働者数

	神戸市（人）		全国（千人）	
	正規	非正規	正規	非正規
1992年	452,000	110,000（19.6%）	38,062	8,481（18.2%）
1997年	405,000	158,000（28.1%）	38,542	10,342（21.2%）
2002年	369,100	199,600（35.1%）	34,557	16,206（31.9%）
2007年	375,100	238,900（38.9%）	34,324	18,899（35.5%）
2012年	370,300	247,600（40.1%）	33,110	20,427（38.2%）

資料　総務省「就業構造基本調査」各年版より作成

画で、総事業費は5年間で6兆円、10年間で9兆円、1000を超える事業と17のシンボルプロジェクト（神戸空港、高規格港湾、地下鉄湾岸線、大規模区画整理事業、東神戸線、神戸中央線などの広域的道路網の整備、新長田再開発、六甲再開発、東部新都心計画、医療産業都市など）であった。

この「復興計画」は、震災前に策定された「新・神戸市基本構想」（1993年9月策定、目標年次2025年）と「第4次神戸市基本計画案」（1994年4月）を基本として、新たに防災計画を付加したものであった。広辞苑によれば、創造とは新たに造ること、新しいものを造りはじめることである。だが神戸市の復興は、既存の基本計画のなかにあるものを、復興プロジェクトとして位置づけていた。それは、新しいものをつくる創造的復興というよりも、旧システムの「成長神話」に立脚した「開発・成長志向型」の復興計画であったといえよう。

震災後に策定された「第4次神戸市基本計画」（1995年10月）は、2010年までの市内の実質経済成長率を2・8％（同時期の国内総生産の実質成長率予測2・5％）と高く設定し、人口も1995年の140万人から2010年の170万人へと異常に高い伸びの計画であった。だが1995年度から2009年度までの15年間の市内総生産の年間平均成長率は約0％であり、目標の2・8％には程遠い数字であった（神戸市『神戸市統計書』）。また人口も、2004年には震災前の92年の150万人の水準を回復したが、2010年は154万4000人で目標の

表3　市債の発行額など単位：億円

	1990-1994年度（年平均）	1995-1999年度（年平均）	2000-2004年度（年平均）	2005-2009年度（年平均）
発行額	2,112	3,952	2,349	2,141
元金償還額	1,409	1,671	2,319	3,587
年度末現在高	16,918	28,317	31,864	25,874

資料　神戸市「神戸市統計書」各年版より作成

170万人には程遠い数字であった。さらに2012年には28４6人、2013年は1507人と2年連続して減少に転じている（『神戸新聞』2014年1月25日）。つまり神戸市の「復興計画」が、時代トレンドに逆行し、地域の実態を反映しない過大なものであった。そのため、復興プロジェクトの費用に対する経済成長や税収などの便益はマイナスで、多額の借金による返済が市民に重くのしかかった。表3のように、1995〜1999年度（年平均）の市債の元金償還額1671億円が、2005〜2009年度（年平均）3587億円と倍以上に増加し、貧困化した市民生活を立て直し自立を支援するための財源不足を招いたのである。

(3) 東日本大震災の「創造的復興」と「復興災害」

東日本大震災の復興も、阪神・淡路大震災において破綻した「創造的復興」がバージョンアップしたかたちで繰り返されている。政府の復興構想会議は、東日本大震災復興は「単なる復興ではなく創造的復興を期す」との基本方針（2011年4月14日）のもと、「被害を受けた施設を原型に復旧すること等の単なる災害復旧にとどまらない、活力ある日本の再生を視野に入れた抜本的な対策」（復興基本法第2条）が必要と「開発・成長型復興」を打ち出した。それは、阪神・淡路大震災のように復興を被災地に限定するのではなく、「日本経済の再生」との関連で位置づけられているところに特徴がある。すなわち「日本経済の再生なくして被災地域の真の復興はない」との政府の「基本方針」（2011年7月）のもと、「被災地域の復興が活力ある日本の再生の先導的役割を担う」とされた。

だが原発事故や津波被災地は、表4のように、若者の人口流出と出生率の大幅低下のため、人口が減少

表4　福島県、岩手県、宮城県の人口と65歳以上人口割合の推移

	人口（千人）		65歳以上人口割合（%）	
	2010年	2040年	2010年	2040年
福島県	2,029	1,485	25.0	39.3
岩手県	1,330	938	27.2	39.7
宮城県	2,348	1,973	22.3	36.2

資料．国立社会保障・人口問題研究所の将来人口推計（2012年1月推計）

し高齢化が進行すると予測される。にもかかわらず、東日本大震災の復興計画は、人口の回復・増加と経済成長を目標とする「公共施設の復旧」と「創造的復興」によって、人が住まないようなところにまで、巨大防潮堤や高台移転、区画整理事業などのまちづくりを行う大規模な公共事業を推進している。また巨大防潮堤が、海岸線の狭い平野部をさらに狭めることで人が住めるまちづくりを困難にする問題をもたらしている。つまり国民の税金が、被災者の暮らしの債権と被災地の再生に役立つのではなく、きわめて非効率的なかたちで浪費されているのである。

かつて震災当時の神戸市長は、市営神戸空港を震災復興の「希望の星」と豪語し、「空港の是非は住民投票でおこなうべし」という30万人もの市民の署名を無視して強行した。だが民意を無視した顛末が、赤字空港であり空港の民間売却への検討である。東日本大震災の復興においても、福島原発事故の被災者（農林漁業者や県内外避難者など）の意思や、大規模な防潮堤や高台移転などのプロジェクトに地元の民意が反映されていないケースが出てきている。このことは、被災者と被災地に甚大な「復興災害」をもたらすであろう。

（池田　清）

6 被害額と復興財政

(1) 公表被害額の検証

阪神・淡路大震災における経済的損失に関しては、一部の論考を除いて深い議論を呼ぶこともなく、現在に至っている。経済的損失には、物的なストックの損失額である直接被害額と、生産高や所得等のフローの損失額である間接被害額とがあり、経済的な機能が異なるので区別されるべきである。

①直接被害額

兵庫県は、1995年4月に被害項目を15に区分した被害額を発表したが、その総額は9兆9268億円であった。公共施設やライフライン等は比較的推計が正確になされたと思われる。しかし、他の項目については次の3つの理由により、この推計値はかなり過少推計されたと言える。

第1は住宅の被害額が過少である。建築物に関しては、建築着工統計の建築単位に基づいて算定し、約5兆8000億円とした。そのうち、商工関係の建築物を1兆7700億円としているので、住宅被害額は約4兆1000億円となる。しかし、再建を断念した住宅の被害額は算入されていない。また、民間住宅の建設がピークに達したのは発災2年後であり、推計時に用いた住宅着工統計ではかなりの過少推計になってしまう[1]。

第2は、商工関係の機械・設備・生産物や商品の在庫等の被害額が過少である。これらは建屋内のストックであり把握が簡単ではない。公式推計では、商工関係の直接被害額2兆4000億のうち約6300億円がこられの額に相当するとしている。豊田・河内（1997）は、事業所アンケート調査の結果から商工関係の直接被害額は約5兆9000億円になることを示した。[2] これは商工関係の建築物を含んだ額であるが、建築物被害額（公式推計では1兆7700億円）を差し引いても公式推計は過少である。

第3は、家財類が含まれていないので過少である。

兵庫県が早い段階で発表した約10兆円という額はその後改訂されることはなかった。このことは大きな罪として残ることになった。なぜならば、この被害推計値に基づいてその後の財政措置がとられ、後に述べる「冷遇復興財政」の要因になったからである。結果として、被災自治体の財政力低下を導き、被災者や被災企業への復興支援が不十分になった。また、他の災害との比較において20年間用いられてきた。たとえば、東日本の被害は阪神・淡路の1・7倍とか、予想される首都直下地震の被害は阪神・淡路の16倍などと言われる。「被害額10兆円」はそれが過少推定値であるにもかかわらず、完全にひとり歩きしているのである。

②間接被害額

間接被害は、短期的には、事業者側での機会損失や取引先の損失・減少等で生じるが、長期的には所得・消費の減少という需要側の要因も重なって生じる。

間接被害額の推定に関しては少なくとも3つの方法がある。第1は、産業構造が不変で市場メカニズムが働くと想定した上での多部門モデル分析の適用。第2は、アンケート調査によって間接被害を聴取する方法。第3は、被災地経済における付加価値の総計である地域総生産（GRP）を用いて推計する方法である。ここでは、兵庫県地域総生産を用いた分析結果を紹介する。ＧＲＰは国の国内総生産（ＧＤＰ）に相当するもので、震災前の１９９３年度では兵庫県、被災地（当時の10市10町）、神戸市のＧＲＰはそれぞれ20兆円、12・９兆円、６・７兆円であった。図は、国のＧＤＰおよび県と被災地のＧＲＰの推移を示したものである。いずれも震災１年前の１９９３年度に１００になるように指数表示している。被災地経済が長期にわたって停滞したことが見て取れる。筆者は、兵庫県のＧＲＰを用いて間接被害額を推計した[3]。まず、兵庫県ＧＲＰの動きをそれ自身の過去からのトレンドおよび日本経済全体の景気動向によって説明される回帰式を求め、その予測値で「災害なし」の場合のＧＲＰ値を推計する。この値から「災害あり」の現実のＧＲＰ値を差し引いたものを当該年度の間接被害額とした。その結果、２００５年度までの間接被害額の総計は約14兆円となることがわかった[4]。

③間接被害が大きくなった要因

復興過程が長引いた原因は、供給側と需要側の両面にある。まず、多くの被災中小企業が廃業・倒産・転出を余儀なくされた。事業所として一番多いのは小規模商店であるが、被災地全体で約１万、神戸市内で約５０００の店が廃業した（「神戸新聞」２０１４年１月16日付）。ケミカルシューズ・皮革や酒造など

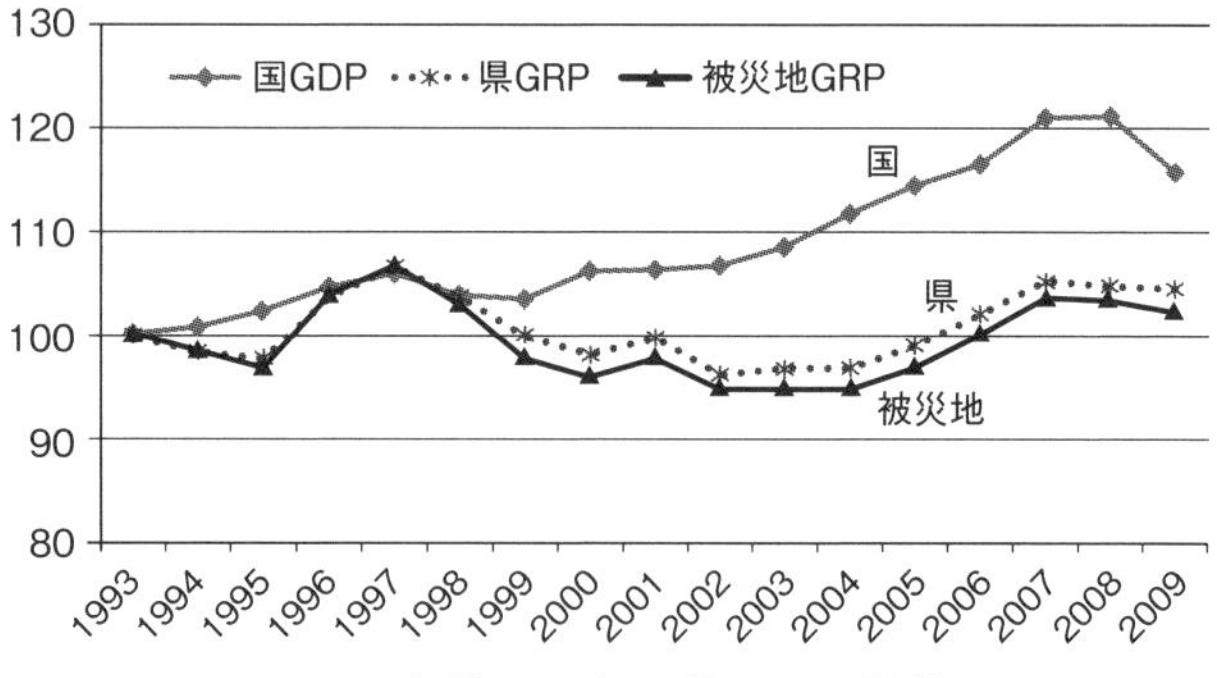

図１　実質GDPと実質GRPの推移
（1993年度＝100）（2000年度価格）
（出所）兵庫県統計により筆者作成。

の地場産業が受けた被害も甚大であった。これらに伴う雇用の減少、労働需給のミスマッチ等の問題も生じた。これらは経済の供給面の問題である。

需要側の要因も大きかった。当時の統計を調べると、まず動いたのが民間住宅建設の増加であり、3年目をピークに減少に転じる。それに代わる形で4年目にピークを示すのが公営復興住宅の建設であった。企業も損壊した機械や設備の喫緊の新規設置を5年間にわたって行ったことがわかる。これら3項目が、当初のGRPを押し上げ、間接被害の増加を抑制した効果をもたらした。政府の復興支援が終わった3年後くらいからこれらの効果は急激に小さくなる。住宅等の建設に関わった多くの業者は被災地外から一時的に来たものが多く、多くの所得は被災地外に流出した。

当時の兵庫県における総需要の約52%を占めるのが民間消費であるが、一般にその動きは他の項目のように急には増減せず、通常は微増し続けるという特性を持つ。しかし、被災地における消費は3年目に一時的に増加したが、基本的には7年目まで落ち込みが継続した。この期間はマクロ経済の悪循環、すなわち、所得減少→消費減少→生産・売上減少→所得減少→という「デマンドチェーン悪化」の状態が継続したと思われる。

(2) 復興財政の検証

阪神・淡路大震災における復興計画ではその予算も財源も明記されなかった。これは阪神・淡路に限ったことではなく、今までのわが国における災害対応の制度の特殊性に起因しており、制度上、それぞれの財源を明示できなかったのである。復興事業に関して特別な財源枠が設けられず、基本的に従来の財政措置の枠内で行われた。すなわち、補助金・交付税の補助率引き上げ、補助裏財源の地方債発行、償還財源の交付税補填という3点セットで行われた。単年度の予算であり、かつ各省庁別に予算配分された。その基本方針は「復旧までは政府が手当するがそれ以上はしない」というもので、「後藤田ドクトリン」とも呼ばれた。実際に政府が財政措置した約6兆円のうち、約4兆円は都市インフラや市街地整備等のハードの事業に向けられ、社会的物的施設の復旧を主眼にしたことは明らかである。

既に財政的な余裕のない状態になっていた各自治体は、不足財源を地方債の発行で賄うことになった。復興事業のうち、県が約2・3兆円、市町が約3兆円、県・市関係団体が約8000億円を負担した。その結果として、後年に被災自治体は地方債償還財源に苦しむことになった。神戸市は厳しい財政・行政改革を行って借金体質をほぼ脱した。兵庫県は震災の後遺症があるとはいえ、現在も財政赤字が度を超えた水準で推移している。

わが国の復興財政の制度は、主として物的な社会施設の復旧をめざすもので、被災者の生活再建支援・生業支援のための施策が不十分であった。阪神・淡路大震災の被災者の多くが苦しんだ住宅再建に関しては、被災者生活再建支援法の成立（1998年）とその全面改訂（2007年）がなされ、理由なき「個人補償不可論」が崩壊したことは、この20年間の復興財政面での大きな出来事であった。

2011年の東日本大震災で事態は一変した。阪神・淡路で被災自治体と被災者・被災企業が経験した復旧・復興への苦闘は少なくとも軽減された。財政措置や復興体制が出来上がるまでに時間がかかり過ぎたが、復興予算が政府によって準備され、補助裏負担分も特別交付税で措置されたので、基本的に自治体は地方債発行をしなくてよい。考えてみればこれが本来の大災害時における正常な財政措置であり、阪神・淡路における財政対応は、いわば「冷遇復興財政」だったと言える。そのつけは、被災者や被災企業および各自治体に、重い負担を長期にわたって強いてきたのである。

これらの経験を決して後戻りさせてはいけない。東日本での経験・反省を踏まえて２０１３年に災害対策基本法の改正がなされ、大規模災害への備えや対応が一歩前進し、復興財政に関しても「……別に法律で定めるところにより、復興のための財政上の措置を速やかに講じるものとする」と明記された。大災害の際には国が財政面を含めた責任を取り、実際の復興は地元自治体とコミュニティ中心で行う、という望ましい方向に向かいつつあることは事実であろう。そのためには、事前の復興の１つの条件として、復興財源をどう調達するかということを事前に決めておくべきである。災害後にその都度議論し、政党間で争いをし、復興体制が遅れるという今までの愚を正すことが求められている。

（豊田利久）

【補注】

1池田清（２００２）「大震災の被害総額はもっと大きい」（塩崎・西川・出口編『大震災１００の教訓』、クリエイツかもがわ、54～55頁）参照。

2豊田利久・河内朗（１９９７）「阪神・淡路大震災による産業被害の推定」『国民経済雑誌』第１２６巻2号、１～15頁。

3T. Toyoda (2008), "Long-term Recovery Process from Kobe Earthquake: An Econometric Evaluation," T. Toyoda and T. Inoue (eds.), *Quantitative Analysis on Contemporary Economic Issues*, *Kyushu University Press*, pp.161-177.

4直接被害額も過少評価分を修正すればおそらく14～15兆円となると推測されるので、間接被害額も直接被害額とほぼ同規模であったと思われる。

7 国際的枠組み

2015年3月に第3回国連防災世界会議が仙台で開催される。実は、この国際会議の初回は1994年5月に横浜で、そして第2回目は2005年1月に神戸で開催された。この防災世界会議は災害対応に関する各国の取り組みや国際協力のあり方を決める重要なものとされている。本稿では、なぜ国連が1990年頃から防災を重要な議題として取り上げるようになったのか、なぜ世界会議を日本で継続して行うようになったのか、そこで決められる国際的枠組みの内容はどのようなものなのか、日本の経験は活かされているのか、等について検討する。とくに、神戸での第2回会議で取り決められた「兵庫行動枠組」（HFA）の検証と「ポストHFA」の行方について論究する。

(1) 国連を中心とする災害対応の動向

国連では1960年代から災害救援に関して、救援を受け入れる国の受け入れ準備、支援する国の救援の質の向上、国連と被災国との調整等に関して総会決議の形で検討されてきた。とくに、1991年の第46回国連総会で「国連の人道緊急援助における調整の強化」に関する決議がなされた。この決議では、①人道、中立、公平の原則にしたがって支援すること、②被災国の主権を尊重し、要請に基づいて支援すること、③国際支援を受ける場合でも被災者救援の最大の責任は被災国にあること、④外国政府および非政府組織は被災国の能力と努力を補完するように貢献すること、等を定めた。これは国際社会では、国際災害救援の原則として現在でも広く受けとめられている。[1]

ある国で大規模災害が発生した場合、国連の諸機関をはじめとしてさまざまな国際支援活動の担い手が活躍する。多くの場合、緊急支援がその中心となる。「海外の被災者の生命を守り、苦痛を取り除き、人間としての尊厳を保つ」という人道的目的のための活動を行うことから、一般に『人道支援組織』と呼ばれる。長い歴史をもつ国際赤十字運動、さまざまな非政府組織（ＮＧＯ）やその他の民間組織が貢献する。

阪神・淡路大震災の人的および経済的被害が甚大であったことは、経済成長とともに整備されてきたインフラや建築物等の安全神話が一気に崩れ、先進国における自然災害の被害、とくにその経済的被害の大きさにおいて世界に衝撃を与えた。その後のアメリカにおけるハリケーン・カトリーナや東日本大震災が、先進国における経済的被害の甚大さを示してきた。しかし、自然災害の発生とその被害を地理的・歴史的に見れば、大きな被害を受けているのは主として途上国である。１９７８〜２００８年間の世界の自然災害の死者数の66％は低所得国であり。それを地域的に見ればアジアが62％、アフリカが29％であった。[2] したがって、国際社会から見れば途上国の災害に対する対応が関心の中心となり、被災国および被災者への支援がさまざまな形で行われるようになった。

また１９９０年代から地球温暖化対策も国際社会の重要な関心事項であった。国連主導のもとに、地球環境に留意しながら持続可能な開発（サステナビリティー）をめざすことや、２０１５年までに極度の貧困を半減させるなどの21の目標達成をめざすミレニアム開発目標（ＭＤＧ）が地球規模の課題として取り組まれている。したがって、国連を中心に進められている災害対応はこのような地球規模の課題と強く連携しており、仙台での国連防災世界会議で議論される世界的枠組みを検討する際には、このような地球規模の課題を踏まえた上で理解する必要がある。

(2) 災害対応におけるパラダイム・シフト

第1回国連防災世界会議は1994年に横浜で開催された。これは、国連が「国際防災の10年」(IDNDR)と国連総会で決定した後の中間評価の会議として日本が招致したものである。IDNDRの基本的な考え方は、防災科学技術を活用すれば自然災害を「予防」できるというものであり、一般社会でも防災科学技術を活用することが重要であるとされた。しかし、横浜会議から約半年後に阪神・淡路大震災が発生した。世界でもトップクラスの科学技術を用いて建造された構造物である高速道路、鉄道、ビル等の無残にも倒壊した姿は、自然災害を人為的に予防・防止することには限界があるという教訓を与えた。そして専門家の間でも、「予防」から「減災」(災害リスク軽減)へと大きなパラダイム・シフトが生じた。このような変化の中で、IDNDRの後継活動として国連の一機関として国際防災戦略(ISDR)が設置された。ジュネーブに本部を置き、神戸市にも活動拠点が置かれている。ISDRは自然災害だけでなく人為的災害も扱うようになった。

(3) 兵庫行動枠組

第2回国連防災世界会議(神戸)での大きな成果は「兵庫行動枠組」(HFA)を作成、世界規模での防災行動に大きな行動指針を与えたことだと言われる。[3] HFAは大きな目標として「生命および社会、経済、環境における資産の災害損失を大幅に減らすこと」と規定している。そのために3つの戦略目標と、5つの優先行動を掲げる。網羅的で抽象的な言葉が並ぶので、この種の文書としては非常に分かりづらいものになっている。3つの戦略目標は、①持続可能な開発＋減災、②すべてのレベルでの防災体制の整備、③緊急対応、復旧、復興へのリスク軽減の導入、である。5つの優先行動としては、まず国が防災体制を整えることを掲げ、防災教育を行うことなどの優先事項を定め、各優先事項の下に国や行政が取るべき優先事項を羅列する形になっている。

この文書は、全体を読んだだけでは何に重点を置いているのか、専門家以外にはわかりにくい。防災を国の優先課題にすべきだという提示は、この数十年間に災害が急増している実態を考えれば、防災体制が遅れていた国にとっては確かに的を射たものであった。たとえば、災害に関する法整備の進んでいなかった国での整備、災害リスクの評価、災害教育の推進、コミュニティを中心にした復興や防災の体制作りなど、ソフト面での防災体制の強化に貢献していることは認められる。しかし、HFAが出されてからの10年間の潮流を見ると、この文書の第3の戦略目標である「各段階、とりわけ復興段階でのリスク軽減の導入」が大きな目標とされていることがわかる。その延長上で、「よりよい再建をめざす」（Build-back better）という標語が国際社会で飛び交っている。これは、阪神・淡路大震災からの復興における兵庫県が高々と掲げた「フェニックス」という復興理念に通じる。HFAの各国における進捗状況の評価文書等を見ても、このことは明らかである。つまり、生活や地域経済の復興は最終目標に掲げられてはいるが、一番重要な戦略目標は、より強靭な建造物を作って災害被害の軽減化に向かうべきだという流れになっている。

国連を中心に進められてきたこの潮流は、環境や貧困を念頭に置いた開発との関連で防災を考えるものであり、復旧・復興それ自身よりも災害リスク削減のための予防措置に比重が置かれている。災害後の事後対応よりも事前の予防を重視する。途上国では一般に貧困であるが故に住宅や社会施設が災害に対して脆弱であり、災害が起これればその復旧・復興が遅れてさらに貧困化する。このような貧困と災害の悪循環を断ち切るためには、災害に強い住宅や施設をつくるための投資に資金を回すべきだという論理である。この論理は、長期にわたって災害が起こっていない途上国で、被災者の生活復興を考えなくてもよいような状態では妥当する考えである。しかし、多くの（特にアフリカやアジアの）途上国では被災する頻度は高く、施設の復興も生活の復興も両方必要であり、事後よりも事前が重要とは言い切れない。また、生活復興が迅速になされるならば、貧困から脱出してより強い住宅再建も可能になるという側面もある。

(4) ポスト兵庫行動枠組

来る3月に仙台で開催される第3回防災世界会議で2015年以後の国際的防災戦略が議論され、それが兵庫行動枠組の後継版となることが予定されている。

「ポストＨＦＡ」は事後よりも事前という考えをさらに進めるのか、それとも事後と事前のバランスを取る方向へ落ち着くのか、その成り行きが注目される。これに関連して、同じ国連システムの中でも、国連開発計画（ＵＮＤＰ）は生活や生活環境の復興に重点を置いた活動をしており、このような視点が「ポストＨＦＡ」に果たして反映されるのかも注目される。[4] さまざまな議論の調整を経て最終的な取りまとめが行われている段階であるが、事前の投資だけでなく復興の重要性を確認する内容に落ち着くと思われる。

わが国は災害後の緊急対応においては、未整備の面が残っているとはいえ、世界に誇れる制度化が進んでいる。しかし、復興（とくに被災者の生活面の復興）に関しては、東日本大震災発生から4年を経ても多くの人々が仮設住宅に暮らしている現状がある。さらに、阪神・淡路大震災から20年を経て、その間に生活復興を成し遂げられず、苦悩している災害弱者が存在していることを忘れてはならない。わが国における復興制度の未成熟な側面を直視し、この反省を活かす形で防災の国際協力に努めるべきである。

（豊田利久）

【補注】

1 柳沢香枝編『大災害に立ち向かう世界と日本』（佐伯出版印刷）、２０１３、84〜85頁、参照。

2 内閣府「防災白書」（平成26年版）２１４〜２１５頁。

3「神戸」ではなく「兵庫」という名前が付せられたのは、震災発生5年後でまだ復興事業に多忙であった神戸市に世界会議を招致する余裕がなく、兵庫県が主体となって開催したからである。同様に第3回世界会議は宮城県ではなく仙台市が主体となって開催するので仙台会議と呼ばれている。

4 たとえば、ＵＮＤＰはLivelihoods & Economic Recovery in Crisis and Post-Crisis Situationsという一連の研究成果を発表している。https://undp.unteamworks.org/node/17324（２０１３・10・1参照）。

世界に発信する兵庫県震災復興研究センター（2005年国連世界防災会議

兵庫県
震災復興研究センターの
20年を振り返って

Hyogo Research Center for Quake Restoration

兵庫県震災復興研究センターの20年を振り返って

突然、眠りの淵から叩き起こされて、となりの部屋に逃げた。あわや、家具類の下敷きになるところであった。何が何だかわからなかったが、とにかく無事であった。停電、ガス・水道の停止、そして電話も不通。家族の安否確認もできない。直後、パジャマの上にコートを羽織って砂ぼこりが舞い上がっていた山陽新幹線（西宮市内）の崩落現場をくぐり抜けて母親宅に走った。住宅は全壊であったが、無事、避難していた。１９９５年１月17日午前５時46分直後のことである。

兵庫県南部地震（震災名は阪神・淡路大震災）が発生した20年前の１９９５年１月17日は、気温３・４℃、北東の風４・６ｍの寒い日であった。20年もたつと心を寒くした記憶は薄れていき、街に残る被災の傷跡も減ってきている。大震災は少しずつ遠ざかっていっているが、毎年１月17日は、特別の雰囲気を醸し出す日である。６４３４人もの人々が犠牲になられたからかも知れない。

それから20年たったが、いまもまだ大震災は終わっていない。２０００年１月の仮設住宅解消までの５年間、被災者の孤独死は２３３人、復興公営住宅入居開始からの14年間の孤独死は８２４人、合わせて１０５７人を数えている。

1　なぜ、震災復興の研究と実践に取り組んできたのか

震災当時、兵庫県労働運動総合研究所（兵庫労働総研）の事務局を担当していた筆者は、発生直後から役員と連絡を取り合った結果、ようやく6日後の1月23日午後、日本科学者会議（ＪＳＡ兵庫）と兵庫労働総研の役員数人が、兵庫労働総研の事務所（神戸市中央区のＪＲ神戸駅近く）に集まり、この事態の中で、何かしなければという

気持ちを共有し、何をしなければならないか、何ができるかを話し合った。

被災者に役立つ政策をまとめ、元気の出る集会などをしようということを話し合い、1月29日付でまとめた「震災復興のための提言」を国と兵庫県や神戸市などに提出し、発表した。この提言の全文は、以下の通りである。

震災後、既に10日以上たつが、市民は依然として危険と不安のもとでの生活を余儀なくされている。とくに、30万人の避難市民の苦労は筆舌に尽くし難い。その上、住宅、雇用、所得や賃金など将来の生活設計に対してなかなか展望を見出されない状態が続いている。

いま、住宅などの生活環境の整備計画を明確にし、雇用を確保し、中小零細企業や業者の経営を安定させ、防災などの福祉都市をつくりあげることが最も望まれている。災害復興のためには、政府や大企業が市民を無視した一方的な計画を押し付けるのではなく、情報を公開し、市民が自主的に民主的に復興計画に参画し決定できることが大切である。

以下において、災害復興についての私たちの基本的な考えを述べるとともに、復興のために微力ながら努力したい。

1．市民本位の住宅・街づくり

(1)．きめ細かい計画スケジュールをつくる。情報をわかりやすく公開し、市民の要求をとりいれ、いつまでに何を行うかのタイム・スケジュールをつくる。

(2)．危険家屋などの解体は公共が責任をもって行う。また、公営住宅や公共宿泊施設を活用するとともに、早急に仮設住宅を必要なだけつくる。

(3)．借地・借家人の権利を保障するとともに、公営住宅の増築、個人家屋や共同マンション修復の資金援助などを行う。

(4)．防災、福祉、高齢社会のための街づくりを市民参画のもとで行う。

2．仕事と雇用、所得の保障

(1)．雇用保険を日雇い労働者や自営業者へ適用する。義援金や福祉制度の充実などによって被災者の生活を保障する。
(2)．政府・自治体は、中小企業・業者への資金援助とともに、施設・資材の確保に努める。
(3)．大企業は震災を理由にして下請け単価や賃金を引き下げない。
(4)．公共事業は地元中小企業や業者に優先発注する。
(5)．政府資金によって復興のための別枠公務員を確保する。
(6)．経済の空洞化をふせぎ、産業を発展させる施策を行う。

3．財源と土地確保

(1)．公共投資を復興費にまわす。不要不急の公共支出をへらす。
(2)．必要ならば財政赤字もやむをえない。
(3)．神戸空港や六甲アイランド南の埋め立て、六甲山腹の音楽堂、日仏モニュメントなどの自然破壊をもたらす事業をやめる。
(4)．仮設住宅・公共住宅用地は、公共用地と大企業の遊休地を活用する。

これがきっかけで、2月18日、フォーラムを開催（神戸海員会館）した。予想以上の150人を超える参加者による6時間以上の熱気ある集いになった。『みんなできりひらこう震災復興——2・18フォーラム全記録』（兵庫県労働運動総合研究所、1995年3月）は、その時の記録とともに大震災の自然的・人災的原因と復興のあり方、その財源問題などに関するまとまった論評の最初のものであった。この『記録』は冒頭、次のように記した。

「1995年1月17日。この日を私たちは忘れない。一瞬のうちに5千人以上の尊い命が奪われ、汗と涙の結晶ともいえる家屋などの財産が倒壊し焼失した。２か月たった時点でも20万人が非人間的な避難生活を余儀なくされ、健康を害して亡くなる人が後を絶たなかった。

１９９５年は戦後50年であった。日本は敗戦によるガレキの中から這い出し、経済成長・開発の道をまっしぐらに走り続けてきた。働き過ぎによる過労死は世界的に有名になっていた。そして、日本は世界で有数の経済力をもつに至った。

阪神・淡路大震災（大震災）に遭遇し、再び、目の前はガレキの山となった。戦後の50年は何であったのだろうかと立ち竦まざるを得なかった。日本の一地域で起こったことでしかなかったが、これは、近代技術を過信し、自然の力を過小評価し、開発に走り過ぎたことに対する警鐘であろうか。この事態から深く学ばなければ、尊い犠牲者に対して申し訳ない。これからの復興・蘇生の大前提にしなければなるまい」

そして、この決意を具体化するため、ＪＳＡ兵庫と兵庫労働総研が協同して大震災からの復旧・復興の状況や復興過程の中から得られた教訓を踏まえ、災害列島日本の国民の「安心・安全」問題に関する各種の調査・研究、政策提言を行い、それらを広く情報発信することにより、全国の災害対策、とりわけ復興対策に寄与することを目的に４月22日、学際的な民間の研究機関として兵庫県震災復興研究センター（震災研究センター）を設立した。そして、２００１年４月、会員制に移行した。

２　兵庫県震災復興研究センター20年の研究と実践

大震災の被災地と被災者をはじめ、全国各地の心ある人々の「不断の努力」（日本国憲法第12条）の賜物として被災者生活再建支援法の制定（１９９８年）と二度の改正により成果を上げてきている一方、この間の復興過程において行政などの不適切な対応により追加的にもたらされる被害が発生することが明らかになってきた。

①神戸空港の破綻、②新長田駅南地区の再開発、③震災障害者、④震災アスベスト被害、⑤災害弱者のその後の

問題など数多くの問題である。震災研究センターはそれらを総称して〝復興災害〟と呼んできた（兵庫県震災復興研究センター編『大震災15年と復興の備え』、２０１０年4月17日）。

さらにこの間、〝終の住処〟（人生最後の住まい）として入居した復興公営住宅での家賃滞納を理由に強制退去させられる事例が急増、２００９年4月からはこの事態に追い打ちをかけるような神戸市営住宅の家賃減免改変、その上、兵庫県・神戸市ではいま、「借上公営住宅」からの〝住み替え〟と称する追い出しが計画・実行されており、入居者の不安が駆り立てられている。新たな〝復興災害〟がつくり出されているのである。７３００日たった阪神の被災地ではいまも大震災の後遺症や〝復興災害〟に見舞われているのである。

大震災から20年、震災研究センターは、被災地と被災者の現状を直視し〝みんなできりひらこう震災復興〟〝大震災被災者の最後の1人まで救済を〟の姿勢で、調査・研究、政策提言を重ねるとともに、全国各地の関心ある方々と海外への継続的な情報発信を続けてきている。

この間、国連社会権規約委員会へのカウンターレポートの提出とそのフォローアップ、また復興公営住宅での家賃滞納・強制退去問題、家賃減免改悪問題、「借上公営住宅」追い出し問題、そして、新長田駅南地区再開発問題など〝復興災害〟からの被災者救済に取り組んできた。

また、被災者住宅再建支援制度確立に向けての分析と継続的な情報発信などに取り組むとともに、節目・節目で片山善博鳥取県知事（２００1年4月、05年4月、07年3月／当時）や田中康夫長野県知事（２００２年9月／当時）、泉田裕彦新潟県知事（２００９年3月）、そして宮本憲一大阪市立大学名誉教授（２０１０年3月）を招聘しての講演会・シンポジウムを開催するとともに、阪神・淡路大震災の教訓をまとめた『大震災１００の教訓』（２００２年10月）の出版、２００５年1月には〝大震災10年の復興検証作業〟のまとめとして『大震災10年と災害列島』『英語版・大震災１００の教訓』を出版するとともに、同年1月、神戸で開催された第2回国連防災世界会議において「大震災10年の教訓」を発信してきた。

さらに、２０１０年4月には〝大震災15年の復興検証作業〟のまとめとして『大震災15年と復興の備え』を出版し、復興財政を明らかにするとともに〝復興災害〟の警告、復旧・復興への備えを提案した。

２００５年12月の第５回総会以降は、『災害復興ガイド』（２００７年１月）、『世界と日本の災害復興ガイド』（２００９年１月）を発行し、災害復興制度確立に向けての世論形成に寄与してきた。

一方、２００４年は台風23号による水害（２００４年10月20日）や新潟県中越地震（２００４年10月23日）、２００７年は能登半島地震（２００７年３月25日）や新潟県中越沖地震（同年７月16日）、そして２０１１年の東日本大震災（２０１１年３月11日）発生以来、東北３県——岩手県盛岡市、宮古市、陸前高田市、大船渡市、宮城県仙台市、石巻市、名取市、亘理町、山元町、福島県福島市、南相馬市など——に赴くとともに、被災地と被災者の救援・復旧・復興策を７本の提言にまとめ国会や政府、すべての地方自治体に提出してきた。

そして、東日本大震災から６か月の検証と提言をまとめた『東日本大震災　復興への道—神戸からの提言』（２０１１年10月17日）『「災害救助法」徹底活用』（２０１２年１月17日）『東日本大震災　復興の正義と倫理—検証と提言50—』（２０１２年12月17日）などを出版した。

このように復興支援策の策定と各方面への提案、「被災者生活再建支援法」の二度目の改正にあたってのパブリックコメント提出などに取り組み、制度改正にあたっての世論形成や政策提案などの面において被災者救済策の改善・前進に貢献してきた。

また、２０１３年６月末、事務所を神戸市中央区から長田区に移転した。

３　東日本大震災発生から４年

２０１１年３月11日午後２時46分、マグニチュード９・０の大地震・東北地方太平洋沖地震（⇒東日本大震災）が発生し、死者１万５７３５人、不明者４４６７人、計２万２０２人（８月27日現在、警察庁調べ）もの犠牲者を出す巨大災害に遭遇した。

その当日、筆者は前日の３月10日にあった「借上公営住宅」問題で神戸市会に提出した「陳情書」の「採否を決しないで、審査打ち切りとする」意見決定をうけ、次の取り組みをすべく準備作業の真っ最中であった。発生直後から震災研究センターの事務所と携帯電話は鳴りっぱなしで、しかも各地からのEメールが多数寄せられた。「とにかく、何とかしなければならない」。震災研究センターの役員と連絡をとり、3月13日夜、急遽集まり、今回の巨大災害への取り組みを開始した。

その日の夜は、役員を含め18人もの人たちが「何かしなければならない」と2時間近く話し合った。まず、兵庫県知事宛に東日本を応援するべく奮闘されたいとの提言を出すことと、しばらくの間毎日でも集まって、情報交換・課題整理・取り組み方針などを話し合おうということになった。

7本の政策提言を作成

阪神大震災後の新潟県中越地震（2004年10月）、能登半島地震（2007年3月）、新潟県中越沖地震（2007年7月）発生直後も政策提言を作成し、公的支援を求めてきた。

震災研究センターは20年前の発足以来、60本以上の政策提言を作成し、国や地方自治体に提出し、生み出してきた成果として二度の改正を含む被災者生活再建支援法がある。阪神の教訓を踏まえた政策を提言することが、東北地方の巨大災害の被災地と被災者のみなさん方に貢献できることであろうと、7本の提言をまとめ、提出してきた。

幸いなことにその2年前の2009年夏から、全国の都道府県・市町村の災害対策や危機管理関係の部署宛にいっせい送信できるソフトを導入していたので、国と地方自治体には同時に提出できることになっている。

7本の提言は、国・地方自治体のホームページにて得られる情報、新聞・テレビ・ラジオなどマスコミ情報、事務所に送られてくる幾多のEメールによる情報、独自のルートと現地調査を通じての情報などを短時間で読み込み、整理し、3月13日以来、週単位で会合を重ね、まとめてきたものである。

被災者を元気づける即効薬は何か

被災者を元気づける即効薬はすみやかな現金給付であるが、阪神大震災の場合、当初、支援は日常品の支給や避難所・仮設住宅など現物支給が主であった。また、義援金（1793億円）の配分も大幅に遅れた。

なぜ支給が遅れているのか。全壊（焼）に35万円、半壊（焼）に18万円と被害認定にリンクさせたことで、大きな被害を受け手薄になっている基礎自治体に作業を丸投げしたため確認作業に多大の時間を費やさざるを得なかったからである。4月8日に「義援金配分割合決定委員会」（会長＝堀田力・さわやか福祉財団理事長、事務局は厚生労働省）が決めた基準・方針が適切でなかったためである。

被災者の声が高まるにつれて、利子補給、家賃補助、生活再建支援金（のちに被災者自立支援金）などの現金給付が行われるようになったが、所得制限や年齢制限が厳しく、被災者を支援するものではなく、かつ少額であったから自立できるものではなかった。災害直後などは、「迅速性、一律性」が重要であるが、「公平性」が前面に出て、後手後手にまわったのである。

政策提言の基調

救援・復旧・復興に関する震災研究センターの政策提言の基調は、「すみやかな現金給付こそが、被災者を元気づける即効薬」であり、自然災害に遭遇して落ち込んだ被災者の生活を迅速に元に戻すことが何よりも復興の基本に据えられなければならないということである。まちは、きれいになったが、そこに住む人々がいなくなってしまうことほど空しいことはない。人々の生活・住宅再建が基本に据えられること、つまり人間の復興こそが基本なのである。

２０１１年4月23日、東京の首相官邸で開かれた東日本大震災復興構想会議では「単に元に戻すのではなく、未来の社会をつくる創造を、〝創造的復興を〟」「農地と漁港の集約を、効率化を」「復興財源として、３％の消費税増税を」など、被災地と被災者の現実を脇において空論のような〝放談〟がなされ、その延長線上で6月25日、『復興への提言～悲惨の中の希望～』がまとめられた。

そして、7月29日、政府の「東日本大震災からの復興の基本方針」が発表された。大震災から4か月余り・１４１日もたってからである。〝復興の備え〟ができていなかったからである。

その時点で、家族を失い自宅を失い避難所生活を送る人々、これからの生活に希望を見出せず途方に暮れる被災者に政府は、どのような具体策を打ち出し、手を差し伸べていたのであろうか。避難者は依然9万9236人（6月30日現在、内閣府調べ）、また震災関連死は、岩手、宮城、福島の3県で少なくとも524人にのぼっていた。

「第1次提言」（3月22日）は、「災害救助法の正当な運用と徹底活用」「被災者生活再建支援法の適用改善・改正」「災害弔慰金法の適用改善・改正」を柱に、簡潔に3ページにおさめた。

「第2次提言」（4月10日）は、極限状態におかれている「被災自治体への支援の強化」を強調し、引き続き「災害救助法の正当な運用と徹底活用」と、ようやく配分の決まった義援金について、その配分基準・方針の弱点を改めることを求めた。新聞、週刊誌、テレビなどから義援金に関する取材が相次いだ。

また、「第2次提言」は4月12日午後、政府の「被災者生活支援特別対策本部」に赴き直接提出した。1時間の遣り取りの中で、政府の担当者（課長補佐）は真摯に耳を傾け、必死にメモをとっていた。「私は3月末に急遽、この本部に配属された。いまお聞きしたようなことは、はじめて知った……」と、率直な感想を漏らした。

「第3次提言」（5月7日）は、政府の「被災者生活支援特別対策本部」が行った「3県全避難所に対する実態把握調査結果」に基づき、「避難生活の改善」を強調するとともに「仮設居住の改善」で福島県（3000数百戸）、岩手県住田町（100戸）の地元産の木材を使用した仮設住宅の紹介と普及に言及した。そして、「生業支援の実現」と「震災アスベストの対策」を求めた。なお、この「震災アスベストの対策」については、宮本憲一氏（立命館大学名誉教授）の提案を全文取り入れた。

「第4次提言」（6月20日）では、遅々として進まない義援金配分についてさらに具体的な配分方法を提言し、6月に入って発生した生活保護打ち切り問題に言及した。厚生労働省や福島県南相馬市に電話による取材をしたが、生活保護の停止や廃止が不当な措置であることは明白であった。

そして、引き続き「災害救助法」「災害弔慰金の支給等に関する法律と政令」「被災者生活再建支援法」の3法の改正の課題を整理し、提言した。この「第4次提言」では災害救助法第23条1項、2項、3項の全文を掲載した。その理由は、震災研究センターに都道府県や市町村から「提言」に関する次のような問い合わせが相次いだからである。

「災害救助法第23条1項7号の『生業に必要な資金、器具又は資料の給与又は貸与』は、ほんとうに法文にあるのか」とか、「そのような条文は知らなかった」などである。東北地方のA県の担当者は、「はじめて知った」と述べていた。

「国会は、いったい何をやっているのですか!」

被災者の生活・住宅再建が迅速に進められない限り、大震災からの復興は終わらない。「7万人が自宅を離れてさまよっている時に、国会は、いったい何をやっているのですか!」と、児玉龍彦氏(東京大学教授・アイソトープ総合センター長)が7月下旬、衆議院厚生労働委員会で国の放射線対策を厳しく批判した。

国会と政府がなすべきことをしないで、首相の首のすげ替えに血道をあげている姿ばかりが目につき、被災地の復旧・復興の具体的進展がみられないからである。阪神大震災の時もそうであったが、国や被災自治体の施策が後手後手にまわり、そのうちに仮設住宅での孤独死が急増したのである。

東日本大震災では〝復興災害〟を繰り返してはならない。阪神と東日本の被災地の現状と課題を見極め、被災者の救済をすすめるため、「政策提言」を作成し、発信してきた。

4 20年を超えて

20年間継続して震災復興の研究と実践に取り組むことなど当初、毛頭考えていなかった。当面する重要なテーマ・課題に取り組んできたら、20年間がたったというのが実感である。

全国各地から寄せられる会費や募金などで活動をすすめてきているが、震災復興の研究と実践には、人と時間と資金が必要である。震災研究センターは大学や行政のように恵まれた条件で活動を行えない。最近は、行政からの助成金を受けることができるようになったが、それでも震災研究センターの財政基盤は、脆弱なまま推移し、好転が見込めないままでいる。

にもかかわらず、なぜ研究と実践に取り組んできたのであろうか。一言で言えば、被災者支援と救済の取り組みに関わってきた者としての意地と責任とでも言えようか。
20年を超えてどこまで研究と実践に取り組むことができるかはわからないが、もうしばらくは研究と実践を続けていかなければならないと考えている。

（出口俊一）

【資料】兵庫県震災復興研究センター20年の活動一覧

1．著書の出版

◎『みんなできりひらこう震災復興』（兵庫県労働運動総合研究所、1995年3月17日）
◎『論集　震災復興への道』（兵庫県震災復興研究センター、1995年6月17日）
◎『研究紀要』（No.1〜8、兵庫県震災復興研究センター。1995年8月17日〜2000年11月17日）
◎『生活再建への課題』（兵庫県震災復興研究センター、1996年5月17日）
◎『大震災と人間復興』（青木書店、1996年10月17日）
◎『大震災いまだ終わらず』（兵庫県震災復興研究センター、2000年5月17日）
◎『大震災100の教訓』（クリエイツかもがわ、2002年10月17日）
◎『大震災10年と災害列島』（クリエイツかもがわ、2005年1月17日）
◎『Lessons from the Great Hanshin Earthquake（大震災100の教訓・英語版）』（クリエイツかもがわ、2005年1月17日）
◎『災害復興ガイド』（クリエイツかもがわ、2007年1月17日）
◎『災害復興とそのミッション―復興と憲法』（片山善博・津久井進、クリエイツかもがわ、2007年8月31日）
編集協力
◎『世界と日本の災害復興ガイド』（クリエイツかもがわ、2009年1月17日）

◎『大震災15年と復興の備え』（クリエイツかもがわ、２０１０年4月17日）
◎『検証　港から見た食と農［改訂新版］』（柳澤尚、クリエイツかもがわ、２０１１年2月17日）編集協力
◎『東日本大震災　復興への道―神戸からの提言』（クリエイツかもがわ、２０１１年11月17日）
◎『「災害救助法」徹底活用』（クリエイツかもがわ、２０１２年1月17日）
◎『東日本大震災　復興の正義と倫理―検証と提言50』（クリエイツかもがわ、２０１２年12月17日）
◎『大震災20年と復興災害』（クリエイツかもがわ、２０１５年1月17日）

2．政策提言の作成

◎１９９５年1月～現在：60数本の政策提言を国・自治体などに提出
◆大震災直後の「震災復興のための提言」を皮切りに公的支援実現、義援金の早期支給、生活・住宅再建のための提言
◆復興公営住宅の家賃滞納・強制退去問題に関する7項目提言
台風23号・新潟県中越地震災害被災者の生活・住宅再建支援策9項目提案
災害列島に備える6項目提言
能登半島地震被災者の生活・住宅再建の支援策についての緊急9項目提案
《第2次提案》能登半島地震における生活・住宅・コミュニティ再建に関する7項目提案
新潟県中越沖地震被災者の生活・住宅再建に関する緊急6項目提案
◆東日本大震災発生後の8本の提言や意見書「災害復興制度」の全体像を考える提案など60本以上

3．研究会・講演会・シンポジウムなどの開催

◎１９９５年2月～現在：１００回以上開催

4．機関誌の発行

◎１９９５年5月～現在：機関誌『震災研究センター』（現在、１５５号）を発行

あとがき

本書は、２０１３年12月から開始した阪神・淡路大震災（大震災）20年の検証作業をまとめたもので、兵庫県震災復興研究センターの23冊目（編集協力を含めると25冊目）の書籍である。執筆者は、27人。

検証作業の目的や内容は、次の通りである。

【20年検証作業の目的】

1．大震災７３００日（20年）の復興過程の検証を行い、解決すべき復興課題を明らかにする。そして、「創造的復興」論の本質を明確にし、被災者の生活再建、生業の再建を第一義とする復興をめざすとともに、大震災の復興政策の決算を行う。

2．２０１１年3月の東日本大震災への〝照射〟を行い、東日本大震災４年の復興過程を検証し、阪神から学んでいること、学んでいないことを整理する。

3．今後の災害復興の備え、とりわけ次の大災害に向けた災害復興制度確立に向けた提言を行う。

【20年検証作業の内容】

「大震災の20年後、被災地・被災者は果たして復興ができているのか」という問題提起から始め、「実は、復興ができていない現実がある。なぜできていないのか。では、真の復興とは何だったのか」を明らかにしようと試みた。あとは、「阪神・淡路大震災の教訓がどこまで、以降の災害に生かされているのか、生かされていないのか」ということを整理した。

まず、「はしがき」において〝復興災害〟とは何かを明らかにした。

I. 検証—阪神・淡路大震災—22本

現状、生活、制度⇓格差と貧困、被災地の〝光と影〟、苦悩、〝復興災害〟、行き詰まる制度を描いた。

II. 復興の備え—阪神・淡路大震災から東日本大震災へ—14本

大震災の教訓が東日本大震災において、どこまで生かされているのか、生かされていないのかを説明しながら、今後に向けた政策提言を行った。ここでは、災害直後の対応がその後の復興を大きく左右するということを強調している。

III. 災害多発社会への備え—7本

災害が多発する現代社会が備えるべき課題の整理を試みた。

「兵庫県震災復興研究センターの20年を振り返って」、その概要を整理した。

〔資料〕被災地・被災者にとって役立つ「最新版・現行の被災者支援策」を整理した。支援策は、20年間でかなり増えたことがわかる。

本書は、〝みんなできりひらこう震災復興〟〝大震災被災者の最後の一人まで救済を〟の姿勢で、調査・研究、政策提言を重ねてきた兵庫県震災復興研究センターの報告書である。しかし、力量不足ですべての分野にわたっての検証はできていない。読者のみなさま方からの率直なご意見・ご批判をお願いしたい。

本の分量を抑えるために厳しく字数を制限したが、協力をしていただいた執筆者のみなさま方に、また、出版に際して多大のご尽力と編集作業をしていただいたクリエイツかもがわの田島英二氏とえでぃっとはうすＯＧＮの小國文男氏に、紙面を借りて深くお礼を申し上げます。

同時に本書は、阪神・淡路20年事業として「ひょうご安全の日推進県民会議」の助成を受けた。ここに記して感謝を申し上げます。

２０１４年12月17日

出口俊一

最新版・現行の被災者支援策一覧

これまでの災害の経験から、さまざまな被災者支援の制度が作られてきた。これら支援制度が、被災者・被災地の復興に大きな役割を果たしたことは事実である。しかし、決して十分でなかったことも間違いない。

支援の内容や方法は実にさまざまだが、ざっと概観してみるといろいろ目につく点がある。たとえば、福祉的措置を中心に手厚く支援している部分もあれば、商工業者や中間所得層向けの支援など明らかに手薄なところもある。また、貸付や利子補給といった間接支援メニューに対し、直接的な給付支援のメニューは少ない。公的支援（公助）と民間支援（共助・自助）のバランスが取れているとも言い難い。

復興支援制度は、今後も、さらに改善と拡充の努力が図られるべきだ。改善に当たっては、第１に支援メニューが利用者である被災者にとってわかりやすい簡明で透明性のある内容かどうか、第２に過去の復興の検証と教訓が十分に生かされた役立つ内容かどうか、第３に復興支援制度の根本的な目的、すなわち被災者の絶望感を今後の希望に変えていく復興のミッションにかなったものとなっているか、を常に念頭に置きながら、より良い制度を追求していかなければならない。

その取り組みの前提として、現行制度を概観したのが次の一覧である。災害復興に携わる方々の参考資料として活用していただきたい。なお、公的制度については内閣府が「被災者支援に関する各種制度の概要」を公表している（http://www.bousai.go.jp/fukkou/kakusyuseido.pdf)。その他、「生活・事業再建ハンドブック vol.5」（平成 24 年 4 月改訂）（http://www.kantei.go.jp/saigai/handbook/)、国・自治体による支援制度をまとめて検索できる「復旧・復興支援情報」（http://www.r-assistance.go.jp/）という検索サービスが 2012 年 1 月 17 日から始められている。本書で紹介する公的制度の詳細はそちらを是非参照願いたい。

（山崎栄一・津久井進・出口俊一）

Ⅰ　暮らしの再建のための支援制度

Ⅰ－1．現金が支給されるもの

制度の名称	支援の内容	問い合わせ先／根拠法
①被災者生活再建支援金	災害で住宅が全壊するなどした場合、最高100万円の現金（基礎支援金は、全壊で最高100万円、大規模半壊で最高50万円。なお住宅の再建方法に応じた加算支援金最高200万円については→㉜）が支給される。	国、市町村／被災者生活再建支援法[1]
②災害弔慰金	災害による死亡者の遺族に対し、最高500万円の弔慰金が支給される。	国、市町村／災害弔慰金法3条
③災害障害見舞金	災害による障害者に対し、最高250万円の見舞金が支給される。	国、市町村／災害弔慰金法8条
④小中学生の就学援助金	災害による経済的理由で就学困難となった児童・生徒に対し、学用品費、通学費、学校給食費などを支給する。	国、市町村／就学困難な児童及び生徒に係る就学奨励についての国の援助に関する法律
⑤児童扶養手当等	被災者に対する児童扶養手当、特別障害者手当、障害児福祉手当について、支給ラインを広げるため所得制限の特例措置を講じて支給する。	国、市町村
⑥生活保護	生活困窮者に必要な扶助金を支給する。	国、市町村／生活保護法[2]
⑦雇用保険	災害により失業した者、あるいは、一時的に離職せざるを得なくなった者に失業給付金を支給する。通常の支給日数よりも延長される。	国、公共職業安定所
⑧生業資金	生業に必要な資金の給与。ただし現実に運用されていない。	国／災害救助法[3]
⑨自治体・基金による独自支援	被災地自治体が条例等に基づいて、あるいは復興基金等を設立して、独自に支援金を支給する。	都道府県、市町村[4]
⑩義援金	善意により寄せられた義援金を被災者に配分する。	日本赤十字社など、義援金配分委員会など[5]

(1)被災者生活再建支援法は、創設された1998年当時は上限100万円で、住宅再建に使うことも禁止されていた。2007年の2回目の改正で現在の内容に大幅に改善されたが、まだまだ未解決の問題もあり、今後にさらなる見直しが予定されている。
(2)生活保護は、平時の福祉制度だが、災害時には弾力的な運用が期待される。三宅島噴火災害での運用が前例となり、今後「災害保護」として発展が期待される。
(3)生業資金の給与は、災害救助法4条1項7号にはっきり明記されているにもかかわらず、近時は全く運用されていない。現物給付よりも現金給付が求められる現代社会に即しておらず、違法運用の疑いも濃い。適正な運用が強く求められている。
(4)被災自治体の独自支援は、復興法制の不十分な点を補う重要な施策である。鳥取県西部地震での住宅再建補助金は、被災者生活再建支援法の欠陥を補った。その後も、支援金額をかさ上げする「上乗せ条例」や、適用要件を緩和する「横出し条例」が各地で制定されている。また、雲仙・普賢岳噴火の際には復興基金が創設された。阪神・淡路大震災や中越地震でも復興基金が立ち上げられ、公的制度ではなかなか難しい柔軟な支援メニューを多数整備して大いに役立った。被災自治体によって支援内容はさまざまである。被災者としては、被災状況に合ったメニューの創設を求めていくことがまず第一である。
(5)義援金は、善意の寄付であり、被災者の生活再建に直接役立つ大切な共助であるが、その配分方法は難問である。公的支援策と横並びにされがちだが、統一的な公平さよりも、むしろ被災地の被害実態に即した配分が行われるべきである。

Ⅰ－2. 特別の貸付けなど

制度の名称	支援の内容	問い合わせ先／根拠法
⑪災害援護資金	災害で世帯主が負傷した場合、家財の3分の1以上の損害を受けた場合、住居が全半壊した場合に、最高350万円まで資金を貸し付ける。	国、市町村／災害弔慰金法
⑫災害援護資金（生活福祉資金）	低所得世帯、障害者世帯、高齢者世帯等に対し必要な費用を貸し付ける。総合支援資金（支援費20万円以内、住宅入居費40万円以内、一時生活再建費60万円以内）、福祉資金〔福祉費（住宅補修250万円、災害時の臨時費用150万円）、緊急小口資金10万円以内〕、教育支援資金、不動産担保型生活資金がある。	国、自治体、社会福祉協議会
⑬母子寡婦福祉貸付金	被災した母子家庭、寡婦に対し事業開始資金等を貸し付ける。	国、市町村／母子及び寡婦福祉法
⑭厚生年金・労災年金担保貸付	恩給、共済年金、厚生年金、労災年金などを担保に融資を行う。	日本政策金融公庫
⑮労働金庫による貸付	被災労働者、被災離職者に対し500万円（無担保、中央労働金庫の場合）程度の貸付を行う。	労働金庫
⑯保険、共済による貸付	各種保険契約、各種共済が被災した契約者に対し特別の貸付を行う。	各保険会社、共済事業者
⑰各種奨学金	災害による奨学金が必要となった生徒・学生に対し緊急に奨学金を貸し付ける。	自治体、各学校、日本学生支援機構など

制度の名称	支援の内容	問い合わせ先／根拠法
⑱自治体・基金による独自支援	被災地自治体が条例等に基づいて、あるいは復興基金等を設立して、独自に融資を行う。	都道府県、市町村[(4)]

Ⅰ－3. 減免、猶予その他の支援

制度の名称	支援の内容	問い合わせ先／根拠法
⑲税金の軽減、猶予、延長	所得税の軽減、予定納税の減額、納税の猶予、申告期間の延長などを行う。	国、自治体、税務署[(6)]
⑳国民健康保険料等の減免、猶予	国民健康保険料、介護保険料、医療費、介護・障害福祉サービス利用料の一部負担金の減額、免除、延長などを受けられる。	国、自治体、社会保険
㉑学校授業料の減免	被災者の授業料、入学料、入学試験料などを減免する。	自治体、学校
㉒放送受信料の免除	被災者に対し一定期間ＮＨＫの放送受信料が免除される。	ＮＨＫ
㉓公共使用料等の減免	自治体所管の公共料金、施設使用料、保育料等の料金が軽減、免除される場合がある。	都道府県、市町村
㉔光熱費等の減免	ガス、電気、電話料金が軽減、免除される場合がある。	被災地のガス、電気、電話事業者
㉕JRの運賃減免	被災地内の運賃を減免する。	JR各社
㉖郵便物の料金免除等	被災地に郵便葉書を無償交付、一部の郵便物の料金を免除する。	郵便局
㉗郵便貯金等の非常取り扱い	災害時の緊急時には、通帳、印鑑等がなくても本人確認だけで払い戻しに応じ、簡易保険の払い込みの延期、簡保担保貸付などを行う。	郵便局
㉘未払賃金立替払	災害により企業が倒産した場合に未払賃金の一部を企業に代わって立て替え払いする。	労働者健康福祉機構

(6)税金に関する措置は、単なる軽減だけでなく、災害関連支出を雑損控除することで、まとまった還付金を得られることもあり、生活再建に役立つ例も多い。注目の上、是非活用したい。

Ⅰ－4.　現物的な支給が行われるもの

制度の名称	支援の内容	問い合わせ先／根拠法
㉙学用品の給付	災害で学用品を失った児童・生徒に対し、教科書、文房具、通学用品等を支給する。	国、自治体／災害救助法
㉚葬祭の援助	遺体の埋葬が困難な場合に遺族に代わって応急的に埋葬を行う。	国、自治体／災害救助法
㉛支援物資	善意により寄せられた支援物資を被災者に配分する。	被災地の災害対策本部など[(7)]

⑺支援物資も、善意のあらわれだが、被災地の受け入れ・保管には多大な時間と人材の投入を余儀なくされる。受入拒否をする被災地もある。送る際には、被災地の状況の見極めが重要だ。

Ⅱ　住まいの再建のための支援制度

Ⅱ－1.　現金が支給されるもの

制度の名称	支援の内容	問い合わせ先／根拠法
㉜被災者生活再建支援金	災害で住宅が全壊するなどした場合、最高200万円の現金(加算支援金は建設・購入に対し最高200万円、補修に対し100万円、賃借に対し50万円。なお基礎支援金については→①が支給される。	国、市町村／被災者生活再建支援法[(1)]
㉝自治体・基金による独自支援	被災地自治体が条例等に基づいて、あるいは復興基金等を設立して、独自に支援金を支給する。	都道府県、市町村
㉞地震保険	地震による損失を補償する(火災保険の上限50%の範囲内で建物5000万円、家財1000万円が上限)。	各保険事業者／地震保険に関する法律
㉟地震共済	地震による損失を補償する(補償内容は共済によって異なる)。	各共済事業者[(8)]
㊱兵庫県住宅再建共済	被災住宅の再建・補修に支援金を支払う(掛金年5千円に対し最高600万円)。	兵庫県[(9)]
㊲共済組合による見舞金	加入している共済組合の規定に基づき見舞金が支給される	各共済事業者[(10)]
㊳住宅エコポイント(実質現金)	エコ住宅の新築またはエコリフォームを行う場合に、住宅エコポイントが発行される。	住宅エコポイント事務局

⑻地震共済の中でも、JAが行う「建物更生共済」は、迅速で手厚い補償で、被災後の再建に有効だったとの実績報告がある。

●JA建物更生共済

地震などによる損害（全壊）	1,000万円
自然災害による損害（全壊）	
自然災害共済金	2,000万円
臨時費用共済金	250万円（風災、ひょう災、雪災の場合に限る）
特別費用共済金	200万円（風災、ひょう災、雪災の場合に限る）
合計	2,450万円＋残存物とりかたづけ費用共済金

⑼兵庫県住宅再建共済（愛称：フェニックス共済）は、今のところ兵庫県が先駆けて実施している。低い掛金でまとまった支援金が得られる明快な制度である。大幅な加入率向上が望まれる。

●兵庫県特別再建共済制度「フェニックス共済」

再建等給付金	全壊・大規模半壊・半壊で再建・購入	600万円
補修給付金	全壊で補修	200万円
	大規模半壊で補修	100万円
	半壊で補修	50万円
居住確保給付金	全壊・大規模半壊・半壊で再建・購入・補修をせずに賃貸住宅に入居した場合等	10万円

（注）1．県外で再建・購入の場合、給付金額は1/2となる。
2．賃貸住宅等については次の制約がある。
⑴再建等給付金は、兵庫県外での再建・購入は給付対象とならない。
⑵居住確保給付金は、給付対象とならない。

⑽公立学校共済組合の組合員には、下記のような災害見舞金が給付される。

●公立学校共済組合災害見舞金・同附加金、兵庫県学校厚生会災害見舞金

■給付額

区分	公立学校共済組合		兵庫県学生厚生会
損害の程度	災害見舞金	同附加金	災害見舞金
住居および家財の全部が焼失または滅失したとき	給料月額の3か月分×1.25	災害見舞金の額の60%	20万円
住居および家財の1/2以上が焼失または滅失したとき	給料月額の2か月分×1.25	災害見舞金の額の60%	15万円
住居および家財の1/3以上が焼失または滅失したとき	給料月額の1か月分×1.25	災害見舞金の額の60%	10万円
住居または家財の1/3以上が焼失または滅失したとき	給料月額の0.5か月分×1.25	災害見舞金の額の60%	5万円
住居または家財の1/5以上1/3未満の損害を受けたとき	—	給料月額の0.5か月分×1.25	3万円

Ⅱ－2. 特別の貸付けなど

制度の名称	支援の内容	問い合わせ先／根拠法
㊴災害復興住宅融資	住宅が全半壊した所有者が自宅を再建、購入等する場合に融資を行う。	独立行政法人住宅金融支援機構

制度の名称	支援の内容	問い合わせ先／根拠法
㊵災害復興住宅（補修）融資	被災住居の所有者が自宅を補修する場合に融資を行う。	独立行政法人住宅金融支援機構
㊶生活福祉資金、母子寡婦福祉資金の住宅資金	被災住宅の補修、増改築等につき高齢者・障害者世帯、低所得者世帯、母子・寡婦世帯に対し融資を行う。	国、自治体、社会福祉協議会
㊷宅地防災工事資金融資	災害により危険な状況となって改善命令等を受けた者に対し工事費用を融資する。	独立行政法人住宅金融支援機構
㊸地すべり等関連住宅融資	地すべり等で危険な家屋の移転、住宅建築の資金を融資する。	独立行政法人住宅金融支援機構
㊹復興支援住宅ローン	各種金融機関が住宅を再建する場合に住宅ローン融資を行う（融資条件、利率、返済期間等で特別の配慮を行う）。	銀行、信用金庫、信用組合等の各種金融機関
㊺自治体・基金による独自支援	被災地自治体が条例等に基づいて、あるいは復興基金等を設立して、独自に融資を行う。	都道府県、市町村

Ⅱ－3. 減免、猶予その他の支援

制度の名称	支援の内容	問い合わせ先／根拠法
㊻自治体・基金による利子補給	被災地自治体が条例等に基づいて、あるいは復興基金等を設立して、住宅ローンの利子の一部を補給する。	都道府県、市町村
㊼返済方法の変更	住宅金融支援機構の融資を受けている被災者の返済方法の軽減（返済の据置、期間延長、一定期間の金利引下等）を行う。銀行等の金融機関については各々の個別対応。	独立行政法人住宅金融支援機構、銀行、信用金庫、信用組合等の各種金融機関
㊽自然災害時一部免除特約付き住宅ローン	融資物件が被災した場合に、住宅ローンの返済を一部免除して現金が払い戻される〔全壊で24回分（約定返済保障型）、全壊でローン残高の50％（残高保障型）〕。	三井住友銀行、エース損害保険
㊾被災ローン減免制度（個人版私的整理ガイドライン）	保有資産を上回る債務が減免される。破産手続き（法的整理）とは異なり、個人信用情報の登録などの不利益を回避できる。弁護士費用は不要で、手元に残せる現金・預金は、義援金・支援金等のほか上限500万円分。	個人版私的整理ガイドライン運営委員会、弁護士会[11]

⑾現在のところ、東日本大震災に限って利用できる。他の災害でも利用できるようにするべきである。

Ⅱ－4. 現物的な支給が行われるもの

制度の名称	支援の内容	問い合わせ先／根拠法
㊿応急仮設住宅等への入居	応急仮設住宅以外にも、公営住宅・公務員宿舎、民間賃貸住宅、旅館・ホテルへ入居が可能となっている（みなし仮設住宅）。	国、自治体／災害救助法
51被災住宅の応急修理	半壊・半焼等の住宅に居住する困窮した被災者に対し応急修理を行う。	国、自治体／災害救助法
52災害公営住宅	住宅に困窮している被災者に対し公営住宅への入居を提供する。	国、自治体／公営住宅法
53特定優良賃貸住宅	官・民が提供する特定優良賃貸住宅への入居を提供する。	自治体
54自治体・基金による独自支援	被災地自治体が条例等に基づいて、あるいは復興基金等を設立して、独自に支援金を支給する。	都道府県、市町村

Ⅲ　中小の商工・農林漁業者のための支援制度

Ⅲ－1. 現金が支給されるもの

制度の名称	支援の内容	問い合わせ先／根拠法
55農業災害補償	災害による農業災害に対し、農作物共済、家畜共済、果樹共済、畑作物共済、園芸施設共済等により補償する。	国、各共済事業者／農業災害補償法等
56被災農家経営再開支援事業	農作物の生産が困難となった農業者に支援金を交付する。	農林水産省生産局
57森林国営保険	災害により森林が被害を受けた場合に国営保険により補償する。	国／森林国営保険法
58漁業災害補償	災害により漁業に被害が生じた場合に補償する。	国、各共済事業者／漁業災害補償法
59漁業復興担い手確保支援事業	若青年漁業者に対して、漁業再開までの技術習得にかかる研修費用を補助する。	水産庁企画課
60漁業・養殖業復興支援事業	漁業者、養殖業者に対して、経営再建に必要な経費を補助する。	水産庁漁業調整課、栽培養殖課

制度の名称	支援の内容	問い合わせ先／根拠法
⑥1雇用調整助成金	急激に活動縮小を強いられた事業主に対して一部補助する助成金。	公共職業安定所
⑥2被災者雇用開発助成金	被災離職者・被災地域に居住する求職者を1年以上雇い入れる事業主に対する助成金。	公共職業安定所
⑥3 3年以内既卒者（新卒扱い）採用拡大奨励金・3年以内既卒者トライアル雇用奨励金	被災離職者・被災地域に居住する求職者を1年以上雇い入れる事業主に対する助成金。	公共職業安定所
⑥4職業適応訓練費支給	事業主に訓練費を支給し、訓練生に失業保険金を支給する。	公共職業安定所
⑥5中小企業等グループ施設等災害復旧事業費補助金	県の設定した中小企業等グループの復興事業計画について、施設・設備の復旧経費の4分の3以内を補助する。	都道府県の中小企業課[12]

⑿東日本大震災後、懸案であった中小商工業者の事業に対する現金支給の支援制度が実現した。地域経済の復興を促すためにも予算の増額など拡充が必要である。

Ⅲ－2. 商工業者向けの特別の貸付けなど

制度の名称	支援の内容	問い合わせ先／根拠法
⑥6災害復旧資金貸付	災害からの事業復旧のための政府系金融機関による融資。東日本大震災においては別枠の融資（東日本大震災復興特別貸付）も設けられた。	日本政策金融公庫、商工組合中央金庫
⑥7災害復旧高度化資金	災害を契機に事業の高度化を図るための復旧に限定された公的融資。	都道府県、中小企業基盤整備機構
⑥8小規模企業設備資金	小規模企業者の設備投資に対して無利子融資を行う。	都道府県
⑥9中小企業体質強化資金	市街地活性化、地域産業対策、共同事業、新産業育成などさまざまな中小企業の体質強化を図る事業に向けた融資を行う。	都道府県
⑦0災害関係特例保証	災害復旧に必要な資金の融資の信用保証を行う。	信用保証協会
⑦1特別利子補給	商工中金からの借入れについて利子補給を行う。	国、自治体、商工組合中央金庫／激甚災害法15条

Ⅲ－3　農林漁業者向けの特別の貸付けなど

制度の名称	支援の内容	問い合わせ先／根拠法
㉒天災融資制度	天災により被害を受けた農林漁業者に対して融資を行う。	国、自治体／天災融資法
㉓日本政策金融公庫による融資	災害からの事業復旧のための政府系金融機関による融資を行う。	日本政策金融公庫

編著者紹介

塩崎賢明（しおざき・よしみつ）

1947年川崎市生まれ。京都大学大学院工学研究科修了（建築学専攻）、工学博士。現在、立命館大学政策科学部教授・神戸大学名誉教授、兵庫県震災復興研究センター代表理事、専門は都市計画・住宅政策。主な著書に『開発主義神戸の思想と経営』『現代都市再開発の検証』（いずれも共著、日本経済評論社）、『大震災100の教訓』『大震災10年と災害列島』『世界と日本の災害復興ガイド』『大震災15年と復興の備え』『東日本大震災 復興への道』（いずれも共著、クリエイツかもがわ）、『住宅政策の再生』『住宅復興とコミュニティ』（日本経済評論社）、『復興〈災害〉』（岩波新書）。

西川榮一（にしかわ・えいいち）

1940年大阪市生まれ。大阪大学工学部卒、工学博士。神戸商船大学名誉教授、兵庫県震災復興研究センター代表理事、専門は交通機関・環境工学。主な著書に『サスティナブル・ディベロップメント』（共著、法律文化社）、『大震災100の教訓』『大震災10年と災害列島』『災害復興ガイド』『世界と日本の災害復興ガイド』『大震災15年と復興の備え』『東日本大震災 復興への道』（いずれも共著、クリエイツかもがわ）、『大阪発、市民の環境安全白書』（監修、編著、自治体研究社）、『環境展望vol.5』（分担執筆、実教出版）。

出口俊一（でぐち・としかず）

1948年尼崎市生まれ。関西大学法学部法律学科卒。公立学校教員、立命館大学講師、神戸松蔭女子学院大学講師を経て現在、兵庫県震災復興研究センター事務局長、関西学院大学災害復興制度研究所研究員、阪南大学講師。専門は人権教育論。主な著書に『大震災100の教訓』『大震災10年と災害列島』『災害復興ガイド』『世界と日本の災害復興ガイド』『大震災15年と復興の備え』『東日本大震災 復興への道』『「災害救助法」徹底活用』『東日本大震災 復興の正義と倫理』（いずれも共著、クリエイツかもがわ）、『現代都市再開発の検証』（共著、日本経済評論社）、『社会保障・社会福祉大事典』（共著、旬報社）、『検証 被災者生活再建支援法』（関西学院大学出版会）、『人権教育研究序説』（兵庫部落問題研究所）、『歴史をひらく人権教育』（共著、兵庫人権問題研究所）、『教育運動の論理』（兵庫県労働運動総合研究所）。

執筆者一覧（50音順）

青田　良介（あおた　りょうすけ、兵庫県立大学政策科学研究所客員研究員）
池田　　清（いけだ　きよし、神戸松蔭女子学院大学教授）
岩田　伸彦（いわた　のぶひこ、阪神・淡路大震災救援・復興兵庫県民会議事務局長）
岡田　一男（おかだ　かずお、ＮＰＯ法人 よろず相談所副理事長）
金持　伸子（かなぢ　のぶこ、日本福祉大学名誉教授）
塩崎　賢明（しおざき　よしみつ、立命館大学政策科学部教授）
田結庄良昭（たいのしょう　よしあき、神戸大学名誉教授）
髙田　富三（たかた　とみぞう、行政書士・神戸再生フォーラム事務局長）
武村　義人（たけむら　よしと、医師・兵庫県保険医協会副理事長）
竹山　清明（たけやま　きよあき、京都橘大学現代ビジネス学部教授）
田中　正人（たなか　まさと、株式会社都市調査計画事務所代表）
谷本　雅彦（たにもと　まさひこ、新長田駅南再開発を考える会事務局長）
津久井　進（つくい　すすむ、日本弁護士連合会災害復興支援委員会副委員長）
出口　俊一（でぐち　としかず、兵庫県震災復興研究センター事務局長）
東條　健司（とうじょう　けんじ、週末ボランティア代表）
豊田　利久（とよだ　としひさ、神戸大学名誉教授）
永井　幸寿（ながい　こうじゅ、弁護士・日本赤十字看護大学講師）
中村　専一（なかむら　せんいち、神戸市長田区・大橋三丁目自治会長）
西川　榮一（にしかわ　えいいち、神戸商船大学名誉教授）
増田　　紘（ますだ　ひろし、一級建築士・兵庫県自治体問題研究所副理事長）
宮定　　章（みやさだ　あきら、ＮＰＯ法人 まち・コミュニケーション代表理事）
村井　雅清（むらい　まさきよ、被災地ＮＧＯ協働センター代表）
森　　裕之（もり　ひろゆき、立命館大学政策科学部教授）
安田　秋成（やすだ　あきなり、阪神・淡路大震災被災者ネットワーク代表世話人）
柳澤　　尚（やなぎさわ　ひさし、農業・食糧・健康を守る兵庫県連絡会事務局長）
山崎　栄一（やまさき　えいいち、関西大学社会安全学部准教授）
若原キヌコ（わかはら　きぬこ、被災地クラブ代表）

編集協力者

小川　　昭（おがわ　あきら、兵庫県保険医協会事務局次長）
奥田　博子（おくだ　ひろこ、兵庫県震災復興研究センター事務局）

写真提供

塩崎賢明、田結庄良昭、竹山清明、東條健司、村井雅清

兵庫県震災復興研究センター

阪神・淡路大震災（1995年1月17日）の直後の大混乱の中で、いち早く被災者の暮らしの復旧、被災地の復興を目標として、日本科学者会議兵庫支部と兵庫県労働運動総合研究所が共同で個人補償の実施を中心内容とした「震災復興のための提言」を1月29日に国と被災自治体に提出しました。そして、この2つの研究機関を母体に1995年4月22日、兵庫県震災復興研究センター（震災研究センター）を設立しました。

それから20年、震災研究センターは、被災地と被災者の状況を直視し「みんなできりひらこう震災復興」を合言葉に、調査・研究、政策提言（60数本）を重ねるとともに、全国各地の関心のある人々への継続的な情報発信（機関誌『震災研究センター』№155まで発行）を続けています。

2001年4月から会員制に移行し、現在会員は全国に100人。

【主な著書】

『みんなできりひらこう震災復興』（兵庫県労働運動総合研究所、1995年3月17日）
『論集　震災復興への道』（兵庫県震災復興研究センター、1995年6月17日）
『生活再建への課題』（兵庫県震災復興研究センター、1996年5月17日）
『大震災と人間復興』（青木書店、1996年10月17日）
『大震災いまだ終わらず』（兵庫県震災復興研究センター、2000年5月17日）
『大震災100の教訓』（クリエイツかもがわ、2002年10月17日）
『大震災10年と災害列島』（クリエイツかもがわ、2005年1月17日）
『大震災100の教訓・英語版』（クリエイツかもがわ、2005年1月17日）
『災害復興ガイド』（クリエイツかもがわ、2007年1月17日）
『災害復興とそのミッション—復興と憲法』（片山善博・津久井進、クリエイツかもがわ、2007年8月31日）編集協力
『世界と日本の災害復興ガイド』（クリエイツかもがわ、2009年1月17日）
『大震災15年と復興の備え』（クリエイツかもがわ、2010年4月17日）
『検証 港から見た食と農［改訂新版］』（柳澤尚、クリエイツかもがわ、2011年2月17日）編集協力
『東日本大震災　復興への道—神戸からの提言』（クリエイツかもがわ、2011年11月17日）
『「災害救助法」徹底活用』（クリエイツかもがわ、2012年1月17日）
『東日本大震災　復興の正義と倫理—検証と提言50』（クリエイツかもがわ、2012年12月17日）
『大震災20年と復興災害』（クリエイツかもがわ、2015年1月17日）

【連絡先】
〒653-0041　神戸市長田区久保町7-4-10
電話：078-691-4593　FAX：078-691-5985
ホームページ：http://www.shinsaiken.jp/
Eメール：td02-hrq@kh.rim.or.jp

クリエイツ**震災復興・原発震災**提言シリーズ6

大震災20年と復興災害

2015年1月17日　初版発行

編　者●Ⓒ塩崎賢明・西川榮一・出口俊一
　　　　兵庫県震災復興研究センター

発行者●田島英二　taji@creates-k.co.jp
発行所●株式会社 クリエイツかもがわ
　　　〒601-8382　京都市南区吉祥院石原上川原町21
　　　電話 075(661)5741　FAX 075(693)6605
　　　ホームページ　http://www.creates-k.co.jp
　　　郵便振替　00990-7-150584

印刷所●新日本プロセス株式会社

ISBN978-4-86342-154-7 C0036　　printed in japan